A QUESTÃO DA CONSTITUCIONALIDADE DAS PATENTES "PIPELINE" À LUZ DA CONSTITUIÇÃO FEDERAL BRASILEIRA DE 1988

J. J. GOMES CANOTILHO
JÓNATAS MACHADO

Professores da Faculdade de Direito da Universidade de Coimbra
com a colaboração de

VERA LÚCIA RAPOSO
Assistente da Faculdade de Direito da Universidade de Coimbra

A QUESTÃO DA CONSTITUCIONALIDADE DAS PATENTES "PIPELINE" À LUZ DA CONSTITUIÇÃO FEDERAL BRASILEIRA DE 1988

A QUESTÃO DA CONSTITUCIONALIDADE
DAS PATENTES "PIPELINE"
À LUZ DA CONSTITUIÇÃO FEDERAL BRASILEIRA DE 1988

AUTORES
J. J. GOMES CANOTILHO
JÓNATAS MACHADO

EDITOR
EDIÇÕES ALMEDINA, SA
Av. Fernão Magalhães, n.º 584, 5.º Andar
3000-174 Coimbra
Tel.: 239 851 904
Fax: 239 851 901
www.almedina.net
editora@almedina.net

Junho, 2008

DEPÓSITO LEGAL

Os dados e as opiniões inseridos na presente publicação
são da exclusiva responsabilidade do(s) seu(s) autor(es).

Toda a reprodução desta obra, por fotocópia ou outro qualquer
processo, sem prévia autorização escrita do Editor, é ilícita
e passível de procedimento judicial contra o infractor.

Biblioteca Nacional de Portugal – Catalogação na Publicação

CANOTILHO, J. J. Gomes, 1941- , e outro

A questão da constitucionalidade das patentes "pipeline" à
luz da constituição federal brasileira de 1988 / J. J. Gomes
Canotilho, Jónatas Machado ; colab. Vera Lúcia Raposo.
ISBN 978-972-40-3536-9

I – MACHADO, Jónatas Eduardo Mendes
II – RAPOSO, Vera Lúcia

CDU   347

PREFÁCIO

Este livro surge na sequência de vários desafios que nos têm sido feitos, oriundos de vários quadrantes jurídicos e culturais, no sentido de aprofundarmos a complexa problemática dos direitos de autor e de propriedade industrial. O que nos tem sido pedido não é, obviamente, que abandonemos a nossa formação juspublicística a favor de uma incursão nos complexos temas cultivados pelos comercialistas, designadamente os que se relacionam com os problemas das patentes e das marcas. Faltar-nos-ia engenho, arte e conhecimento das *leges artis* da profissão. Os desafios orientam-se todos eles para a análise do direito de autor à luz das leis fundamentais concretamente vigentes num determinado país.

A primeira ocasião em que tratámos do problema dos direitos de autor foi num curso de Mestrado da Faculdade de Direito de Lisboa, a convite do Professor Doutor José de Oliveira Ascensão. O tema proposto foi este: "Liberdade e exclusivo" na Constituição. Isso permitiu-nos desenvolver a tese do direito de troncalidade no âmbito dos direitos autorais[1]. O segundo desafio localizou-se na nossa actividade de jurisconsulto. A problemática central relacionava-se com a questão da aplicabilidade directa das normas do Acordo TRIPS e delimitação do lapso temporal de protecção de patentes[2]. O terceiro

---

[1] Estudo publicado no nosso livro *Estudos sobre Direitos Fundamentais*, Coimbra, 2004.

[2] J. J. Gomes Canotilho, Paulo de Castro, "Do Efeito Directo do Artigo 33.º do Acordo TRIPS", *Separata do Livro de Homenagem ao Prof. Doutor André Gonçalves Pereira*, Edição da Faculdade de Direito da Universidade de Lisboa, Coimbra Editora, 2006.

desafio – aquele que, de forma directa, se prende com a elaboração deste livro – partiu de quadrantes jurídicos brasileiros. Tendo em consideração os anteriores trabalhos, foi-nos solicitado que aprofundássemos as nossas posições quanto à protecção da propriedade intelectual, tomando como referência a Constituição Brasileira de 1988. Mais concretamente, foi-nos proposto como tema a protecção dos direitos de invenção relativamente a produtos farmacêuticos aos quais foi concedida patente no estrangeiro num momento em que os mesmos não eram ainda patenteáveis no Brasil. Esta problemática é conhecida no mundo da investigação e da comercialização de patentes com o nome de "protecção das patentes pipeline".

Embora o desenvolvimento do trabalho obrigue a um desenho de "topografia" do problema dando centralidade ao direito constitucional brasileiro, desde cedo nos apercebemos que, para além de conhecimentos técnicos e jurídicos em matéria de patentes, havia necessidade de um enquadramento teórico de direito internacional. Esta a razão da co-autoria do estudo com o Doutor Jónatas Machado, nosso antigo discípulo e hoje colega da Faculdade de Direito de Coimbra. A vastidão de textos a consultar – sobretudo dos numerosos tratados bilaterais incidentes sobre patentes "pipeline" – justifica também a valiosíssima colaboração da Mestre Vera Lúcia Raposo, assistente da mesma Faculdade.

À Livraria Almedina deixamos aqui registado o nosso agradecimento pela sua disponibilidade na edição deste livro, fundamentalmente centrado no direito constitucional brasileiro.

PARTE I
Enquadramento jurídico geral

1. INTRODUÇÃO

O presente estudo pretende abordar a questão da constitucionalidade das patentes "pipeline", previstas no artigo 230.º da Lei brasileira n.º 9.279/96, que regula direitos e obrigações relativos à propriedade industrial, tendo como parâmetro a Constituição da República Federativa do Brasil, de 1988. Aquele importante acto normativo veio incrementar as disposições do Acordo TRIPS, internalizadas através do Decreto n.º 1.355, de 31-12-1994, tendo lançado mão do instituto das patentes "pipeline" no uso da margem de manobra que este tratado internacional concede ao legislador nacional. O Acordo TRIPS procurou reforçar a protecção da propriedade intelectual e industrial no contexto da liberalização do comércio mundial, tendo introduzido a obrigação de patenteabilidade no domínio dos produtos farmacêuticos. Isto, partindo do princípio de que esse reforço é essencial para um desenvolvimento sustentado da actividade económica em geral e da indústria farmacêutica em especial, dentro de um quadro normativo estruturado com base nos valores do respeito pelo labor autoral e inventivo, da transparência, da justiça e da lealdade concorrencial, etc.

O ataque dirigido à constitucionalidade das patentes "pipeline" tem sido articulado, principalmente, a partir da alegada falta de novidade destas patentes e da suposta violação de direitos adquiridos. Nas linhas que se seguem procuramos apresentar o contexto jurídico-económico das patentes "pipeline", situá-las no direito internacional e constitucional tendo como ponto de referência o Acordo TRIPS e os principais desenvolvimentos jurídico-internacionais em matéria de propriedade intelectual e industrial e discutir as principais objecções que às mesmas têm sido colocadas a partir do discurso do direito constitucional e dos princípios estruturantes do Estado de direito.

2. A PROTECÇÃO DE PATENTES FARMACÊUTICAS: O CONTEXTO JURÍDICO-ECONÓMICO DAS PATENTES "PIPELINE"

2.1. *Propriedade intelectual e desenvolvimento tecnológico*

O regime da propriedade intelectual e industrial constituiu, desde sempre, um dos pilares básicos do desenvolvimento científico, tecnológico e industrial dos diferentes países. Neste domínio, destaca-se o direito das patentes, que confere direitos exclusivos sobre a exploração comercial de uma determinada invenção. Este direito protege o conhecimento útil, estimulando o desenvolvimento e a transferência de tecnologia e o progresso económico[3]. O desenvolvimento de novos produtos farmacêuticos dificilmente seria possível sem uma adequada protecção da propriedade intelectual. Assim é, com especial relevância, num contexto altamente globalizado e competitivo como aquele que caracteriza o mundo contemporâneo, que confronta as empresas farmacêuticas com vários desafios[4].

Por um lado, as empresas vêem-se confrontadas com a necessidade de investigar e desenvolver novos produtos, tecnologicamente mais sofisticados, capazes de ir ao encontro das necessidades de saúde de um conjunto cada vez mais vasto e exigente de consumi-

---

[3] Luiz Otávio Pimentel, Welber Barral, "Direito de Propriedade Intelectual e Desenvolvimento", in *Propriedade Intelectual e Desenvolvimento*, (Luiz Otávio Pimentel, Welber Barral, eds.), Editora Fundação Boiteux, Florianópolis, Brasil, 2006, p. 25.

[4] Ana Cristina Almeida Muller, Nei Pereira Jr., Adelaide Maria de Souza Antunes, "Protecting Biotechnological Inventions in Brazil and Abroad: Draft, Scope and Interpretation of Claims", *Alb. L.J. Sci. & Tech.*, 13, 2002, p. 145 ss.

dores. Por outro lado, são chamadas a desenvolver capacidade económica e massa crítica que lhes permita dar resposta aos novos problemas de saúde pública mundial resultantes da própria globalização (v.g gripe das aves, pandemias)[5].

Além disso, a globalização do mercado do medicamento fez com que as empresas se vissem confrontadas com a necessidade de conseguir realizar economias de escala a nível global, seja através da transnacionalização das suas actividades de investigação, desenvolvimento, produção e comercialização, seja obtendo um nível mais elevado de protecção de propriedade intelectual.

Esta relação entre a propriedade intelectual e o progresso económico tem sido tematizada, não sem algum tom oportunista, a partir das chamadas três fases evolutivas do desenvolvimento tecnológico dos países[6]. Numa primeira fase, um país tem um nível muito baixo de desenvolvimento, conferindo escassa protecção internacional às patentes farmacêuticas. Num segundo momento, as infra-estruturas atingiram um grau de maturação que favorece a utilização de tecnologia pirateada[7]. Finalmente, o país torna-se capaz de man-

---

[5] Esta nota é particularmente salientada quando se trata de discutir a articulação da propriedade intelectual com a remuneração dos investimentos. Na apresentação de uma obra colectiva sobre novas patentes (*I Nuovi Breveti Biotecnologie e Invenzioni Chimiche* (A. Vanzetti coord.), Milano, 1995) o jurista italiano Vanzetti colocava a questão em termos cristalinos: "a tutela das patentes é dirigida a compensar não já um *flash of genious*, uma intuição feliz, mas a investigação, a grande investigação, entendida como um custoso e paciente trabalho de experimentação de grandes *équipes* de investigação, e por isso, incentiva e, no fundo, torna possível os grandes investimentos que uma tal investigação reclama, e que sem o retorno assegurado da patente ninguém faria". Mais recentemente G. Bianchetti, G. Pifferi, "Il Requisito Evanescente dell'Attività Inventiva delle Invenzioni Chimiche e Biologiche", *Riv. Dir. Ind.*, 2000, p. 10 ss.

[6] Christopher Mayer, "The Brazilian Pharmaceutical Industry goes walking from Ipanema to Prosperity: Will the New Intellectual Property Law spur Domestic Investment?", *Temple International and Comparative Law Journal*, 12, 1998, p. 397 ss.

[7] Na verdade, como refere, Milene Dantas Cavalcante, ("Patentes de medicamentos e as políticas de desenvolvimento: estudo de caso da controvérsia entre

ter uma indústria farmacêutica nacional, tornando-se economicamente vantajoso conceder protecção às patentes farmacêuticas, nacionais e estrangeiras, como forma de proteger a sua própria indústria[8].

Embora sejamos do parecer de que a protecção da propriedade intelectual deve resultar da natureza dos direitos a tutelar – direito à patente, direito à concessão de patente, direito derivado de patente, reconduzíveis unitariamente ao direito de propriedade intelectual – e dos princípios e regras normativamente vinculativos do direito das patentes, mais do que sendo apenas uma análise de custos/benefícios, a verdade é que esta análise também pode fornecer um importante incentivo, na medida em que permite concluir pela racionalidade de uma protecção reforçada da propriedade intelectual a curto, médio e longo prazo[9].

Índia e Estados Unidos", in *Propriedade Intelectual e Desenvolvimento*, (Luiz Otávio Pimentel, Welber Barral, eds.), Editora Fundação Boiteux, Florianópolis, Brasil, 2006, p. 384 ss.), desde o início existiram diferentes perspectivas acerca da protecção da propriedade intelectual, indissociáveis do nível de desenvolvimento dos Estados. Enquanto os Estados menos desenvolvidos sustentavam caber uma menor protecção à propriedade intelectual, procurando desse modo incentivar a transferência de tecnologia e promover a indústria farmacêutica doméstica, já os Estados mais desenvolvidos procuravam defender a propriedade intelectual dos seus inventores. A prazo, a desprotecção da propriedade intelectual acabou por revelar-se prejudicial ao crescimento económico dos Estados menos desenvolvidos, tendo-se concluído que o desenvolvimento económico sustentado a longo prazo supõe uma protecção intelectual mais robusta.

[8] É óbvio que nesta última fase o Estado tem que assumir uma clara posição: ou financia directamente a investigação, ou incorpora o sistema de importação e comercialização de patentes.

[9] Carlos Correa (dir.), *Temas de Derecho Industrial y de la Competencia: Propiedad Intelectual y Políticas de Desarrollo*, Buenos Aires, Editorial Ciudad Argentina, 2005, p. 62. Também Fritz Machlup, *An Economic Review of the Patent System*, Washington, DC: US Government Printing Office, 1958; Petra Moser, *How Do Patent Laws Influence Innovation? Evidence from Nineteeth-Century World Fairs*, NBER Working Paper No. 9909. August 2003; James Bessen, Eric Maskin, "Sequential Innovation, Patents, And Imitation" (January 2000). MIT Dept. of Economics Working Paper No. 00-01, http://ssrn.com/abstract=206189.

2.2. Medicamentos inovadores vs. cópias

Na formulação de uma política para a indústria farmacêutica, os Estados confrontam-se, invariavelmente, com a necessidade de encontrar um ponto de justo equilíbrio entre a protecção devida àqueles que investem na investigação e no desenvolvimento de novos produtos e àqueles que, por não terem que suportar custos de investigação e desenvolvimento, conseguem condições económicas e financeiras que lhes permitem a disponibilização aos cidadãos dos medicamentos a preços mais vantajosos. *Grosso modo*, pode traduzir-se esta problemática como a tentativa de harmonização entre a protecção dos produtores de medicamentos inovadores (ou de referência) e a dos produtores de cópias. Daí a formulação dilemática, *medicamentos inovadores v. cópias*. É indiscutível que o problema exige ponderações delicadas de diferentes bens dotados de dignidade constitucional.

Assim é porque, a par da protecção dos direitos económicos das empresas farmacêuticas que desenvolvem novos produtos, intervêm aqui importantes dimensões constitucionais relacionadas com a promoção do direito à saúde, bem como o interesse financeiro do Estado (e dos contribuintes) no sentido de conseguir o mais elevado nível de realização deste importante direito social com o custo mais baixo.

Existe uma diferença substancial entre a situação económica e jurídica dos produtores de medicamentos de referência e a dos produtores ou importadores de cópias. Os primeiros têm que arcar com as despesas de investigação e desenvolvimento de novos medicamentos e com o risco do insucesso inerente aos investimentos efectuados. As taxas de sucesso da investigação são baixas, verificando-se que apenas uma pequena percentagem de compostos sujeitos a ensaio clínicos adquire viabilidade como medicamento[10], o que

---

[10] Apenas 1 em 10 000 dos compostos analisados se torna um medicamento de sucesso. Apenas 1 em 10 dos compostos utilizados em ensaios clínicos chega ao mercado. E apenas 1 em cada 30% dos medicamentos comercializados conse-

representa perdas significativas de tempo e recursos financeiros, sendo o investimento em investigação um encargo antecipado que os ganhos de mercado têm que compensar[11]. Além disso, têm que suportar os riscos de litigiosidade e indeterminação que frequentemente rodeiam o registo e a protecção jurídica e jurisdicional das patentes, onde o perigo de violação da propriedade industrial está sempre presente[12].

Do mesmo modo, os produtores de medicamentos de referência têm, em muitos casos, que sujeitar os seus medicamentos a um moroso e incerto procedimento de autorização da comercialização, que decorre enquanto o prazo da patente já se encontra a transcorrer, podendo reduzir substancialmente os ganhos com a comercialização[13]. Este último aspecto diferencia a indústria farmacêutica de outras indústrias, como sejam as de computadores e *software*, que não conhecem esta forma de redução da vida da patente. Acresce que as empresas de medicamentos originais estão especialmente expostas ao risco de responsabilidade civil por desenvolvimento de produtos perigosos com contra-indicações inesperadas.

---

gue recuperar os seus custos de investigação e desenvolvimento. Esta informação consta do Office of Technological Assessment (OTA), *Biotechnology in a Global Economy,* OTA-BA-494, Washington DC, US Government Printing Office, October 1991.

[11] Veja-se, Office of Technological Assessment (OTA), *Biotechnology in a Global Economy*, cit. Estima-se que o custo de desenvolvimento e introdução de um novo medicamento é de 231 milhões de dólares. Em 2001 estes custos foram estimados em 802 milhões de dólares, incluindo a investigação e o desenvolvimento, o serviço da dívida e os custos de marketing e distribuição. Sobre este ponto, Padmashree Gehl Sampath, *Regulating Bioprospecting (Institutions for Drug Research, Access and Benefit Sharing),* United Nations University Press, Tokyo, New York, Paris, 2005, p. 16 ss. Estes autores informam que o tempo médio que um produto demora desde o início do seu desenvolvimento até à colocação no mercado oscila entre 7 e 18 anos, havendo casos de medicamentos em que esse lapso temporal atingiu os 30 anos.

[12] Padmashree Gehl Sampath, *Regulating Bioprospecting...*, cit., p.17.

[13] Shilpa Patel, "Patent Fairness Act of 1999. The Implications for Extending Patents for Pipeline Drugs", *J. Intell. Prop. L.* Fall, 8, 2000, p. 145.

Diferentemente, a indústria das cópias[14] – especializada na produção ou importação de produtos alegadamente semelhantes a produtos originais – consegue evitar os custos de investigação e desenvolvimento dos produtos, podendo apoiar-se nos testes clínicos realizados aquando da obtenção da patente e das autorizações administrativas dos produtos originais. A segurança e a eficácia de um medicamento copiado podem ser determinadas, na forma da lei, por estudos comparativos, geralmente com o produto do inventor que obteve a patente original. Ou seja, para além de se apoiarem em invenções que não tiveram que financiar, os fabricantes de medicamentos copiados conseguem subtrair-se ao longo processo de teste e aprovação a que frequentemente são sujeitos os medicamentos de referência. Embora as empresas de cópias consigam reduções substanciais dos preços dos medicamentos, as mesmas não contribuem para a investigação e desenvolvimento de novos produtos, podendo inclusivamente pôr em causa a saúde das pessoas[15].

---

[14] Os medicamentos genéricos são cópias legais dos medicamentos de referência. A sua existência justifica-se por várias ordens de motivos: ou porque as patentes originais expiraram; ou porque estas não estavam protegidas num dado país no momento em que se inventou o medicamento; ou ainda porque o proprietário da patente não solicitou protecção naquele país. Segundo a definição de Mônica Steffen Guise, "Propriedade Intelectual e Políticas de Saúde Pública no Brasil", *Revista de Direito Empresarial*, n.º 6, Julho/Dezembro 2006, p. 110, os genéricos "contém o mesmo fármaco, princípio activo, a mesma dose e forma farmacêutica, administrados pela mesma via e com a mesma indicação terapêutica do medicamento de referência, apresentando a mesma segurança que um medicamento de referência, e podendo ser intercambiável com ele". Por seu lado, os medicamentos genéricos são distintos dos falsos medicamentos, na medida em que o seu efeito terapêutico equivale ao dos medicamentos de referência em termos de segurança e eficácia. Sobre este ponto, veja-se ainda Pascale Boulet, Rachel Cohen, "Pacientes frente a Ganancias: La Crisis del Acceso a los Medicamentos", *Comercio Exterior*, vol. 52, n.º 12, Diciembre 2002, p. 1092.

[15] Christopher Mayer, "The Brazilian Pharmaceutical Industry goes walking from Ipanema to Prosperity...", *cit.*, p. 396) salienta o exemplo indiano anterior ao Acordo TRIPS, em que a inexistência de protecção jurídica de patentes farmacêuticas, aliada à determinação de uma "parede tarifária" contra a importação

Acresce que em muitos casos é permitido aos fabricantes de medicamentos copiados o início de testes de bioequivalência antes mesmo de o prazo da patente expirar (artigo 39.º/3 do TRIPS), tornando possível a colocação no mercado do produto copiado logo após o termo do prazo da patente do produto original[16]. Como se isso não bastasse, em muitos casos em que a patente só se encontra registada no estrangeiro, os produtores e importadores de cópias não têm que esperar pelo termo do prazo da patente para lançar os seus produtos no mercado. *Prima facie*, trata-se de uma realidade favorável aos consumidores de medicamentos, ao menos no curto prazo, embora a história revele a criação de situações de escassez no mercado do medicamento.

No entanto, não são só as cópias de medicamentos que contribuem para a redução dos custos incorridos com a prestação de cuidados de saúde. Tem sido sublinhado que os fabricantes de medica-

---

de medicamentos originais, tiveram como resultado a proliferação de empresas de genéricos e a estagnação da investigação e desenvolvimento de novos medicamentos. De resto, na própria Índia, a propósito da produção do genérico do antigripal Tamiflu, houve casos de empresas farmacêuticas (como os laboratórios Ranbaxy Laboratories Lda. e Cipla LDT) que podendo beneficiar de licenças compulsórias ou outras figuras jurídica análogas, tomaram no entanto a iniciativa de contratar a obtenção de licenças com o laboratório Roche Holding, titular da patente, por considerarem que a sua actividade farmacêutica estaria mais bem protegida se em conformidade com os princípios do direito das patentes. A negociação de licenças pode ser um instrumento de transferência de tecnologia e de desenvolvimento legítimo e transparente dos produtos patenteados. Sobre estes pontos, Henrique da Silva Mercer, "Patentes de Medicamentos conforme o TRIPS: O Caso da Gripe Aviária", in in *Propriedade Intelectual e Desenvolvimento*, (Luiz Otávio Pimentel, Welber Barral, eds.), Editora Fundação Boiteux, Florianópolis, Brasil, 2006, p. 375.; Nancy Gallini, "The Economics of Patents: Lessons from Recent US Patent Reform", *Journal of Economic Perspectives*, Vol. 16, n.º 2, Spring 2002, p. 137. O caso indiano não deixa de ser sugestivo, na medida em que a aplicação inicial do artigo 70.º/8/9 do Acordo TRIPS, foi levada a cabo mediante instruções administrativas, já que a Lei que deveria regulamentar a sua aplicação não chegou a ser aprovada, o que lhe valeu uma censura do Órgão de Resolução de Litígios da OMC. Veja-se, OMC, WT/DS50/R.

[16] Shilpa Patel, "Patent Fairness Act of 1999...", *cit.*, p. 147 ss.

mentos de referência também contribuem significativamente para esse mesmo objectivo quando, ao desenvolverem novos medicamentos, ajudam a reduzir os custos dos internamentos hospitalares, a necessidade de intervenções cirúrgicas, o número de consultas médicas e as taxas de absentismo ao trabalho por motivo de doença[17].

Além disso, a protecção de direitos e interesses constitucionais e de política pública exige, frequentemente, a realização de ponderações multidimensionais, irredutíveis a falsos ou simplistas dilemas de estrutura bipolar. Essa necessária protecção exige a realização de ponderações que tenham em conta, não apenas uma visão estática de tutela de interesses de curto prazo, mas também uma perspectiva dinâmica de consideração sustentada dos interesses de médio e longo prazo, sendo que ao longo prazo não é alheia a própria protecção dos direitos das gerações futuras, hoje cada vez mais considerados essenciais a uma constitucionalmente adequada formulação de políticas públicas.

Ora, a doutrina especializada reconhece que a produção e comercialização de novos produtos farmacêuticos envolve grandes custos. Neste contexto, uma insuficiente e deficiente protecção da propriedade intelectual funciona como um importante mecanismo dissuasor de novos investimentos. Tanto mais quanto é certo que se trata de uma actividade de riscos elevados. Por um lado, verifica-se que muitas das substâncias testadas acabam por não se transformar em medicamentos viáveis. Por outro lado, grande parte dos produtos desenvolvidos não passa de pequenos aperfeiçoamentos de substâncias existentes, podendo não ser suficientemente rentáveis. A isso acresce o risco da litigiosidade, resultante da falta de clareza que rodeia o âmbito de protecção definido em algumas patentes[18].

---

[17] Ronald L. Desrosiers, "The Drug Patent Term: Longtime Battleground in the Control of Health Care Costs", *New Eng. L. Rev.*, 24, 1989, p. 115 ss.

[18] Ana Cristina Almeida Muller, Nei Pereira Jr., Adelaide Maria de Souza Antunes, "Protecting Biotechnological Inventions in Brazil and Abroad...", *cit.*, p. 149.

Por estes motivos, uma deficiente protecção da propriedade intelectual pode, a curto, médio e longo prazo, pôr em causa o acesso dos indivíduos dos vários países aos medicamentos científica e tecnologicamente mais desenvolvidos. Neste domínio, trata-se não apenas de realizar uma ponderação de interesses de produtores de medicamentos de referência e de medicamentos genéricos, a partir de um ponto de referência estático, mas também de conseguir uma justa ponderação dinâmica, baseada numa análise de custos e benefícios não apenas no imediato, mas também para o futuro.

2.3. *Patentes vs. Pacientes*

Intimamente relacionada com a problemática do ponto anterior encontra-se o conhecido dilema *patentes v. pacientes*. Trata-se de uma diferente maneira de encarar a mesma realidade. De um dos lados da balança encontram-se os direitos dos pacientes, nomeadamente o seu direito à saúde. Do outro lado está o direito de as empresas farmacêuticas verem protegida a sua base económica, sendo que, nesse plano, uma adequada protecção das patentes é considerada essencial à sobrevivência da empresa. A patente, ao conceder à empresa um período de protecção monopolista, garante o retorno do investimento efectuado e cria uma estrutura de incentivos favorável à realização de novos investimentos[19]. Isto mesmo foi referido pelo Órgão de Resolução de Litígios da OMC, no caso *Canada – Patent Protection for Pharmaceutical Products*[20] quando sublinhou que as leis das patentes estabelecem um período de exclusividade no mercado, cuidadosamente definido como incentivo para a inovação, sendo que esses objectivos não se tornarão realidade se os inventores não puderem aproveitar verdadeiramente esse incentivo.

---

[19] Jeremy Phillips, Alison Firth, *Introduction to Intellectual Property Law*, Butterworths – Lexis Nexis, UK, 2001, p. 25 ss.

[20] WT/DS114/5(98-4503), decisão de 12 de novembro de 1998.

Esta protecção é especialmente importante, na medida em que medicamentos cujo processo (concepção, teste e fabrico) possa exigir enormes investimentos em tempo, dinheiro e recursos humanos, se tornam alvo fácil de *"reverse engineering"* uma vez colocados no mercado. Ou seja, a informação contida nos medicamentos passa a ser acessível a todos, assumindo a característica – típica dos *bens públicos* ou *bens colectivos* – da não exclusividade (*nonexcludability*)[21]. Por outras palavras, a informação ínsita na sua criação deixa de ser escassa, perdendo a sua economicidade[22].

Além disso, o processo de produção é, em si mesmo, altamente competitivo, existindo várias empresas ao mesmo tempo a tentar desenvolver produtos com as mesmas características e com as mesmas finalidades. A concessão e protecção da patente pretende impedir que um concorrente possa competir com o titular da patente e violar desse modo os seus direitos, de forma a salvaguardar o conteúdo essencial dos direitos exclusivos do titular da patente.

De resto, as patentes constituem, em muitos casos, um activo decisivo para a garantia da viabilidade e sustentabilidade económica de muitas empresas[23]. Assim é especialmente, como tem sido demonstrado, em sectores como a indústria farmacêutica, química, de equipamento médico e de maquinaria industrial[24]. É em boa medida graças a elas que as empresas conseguem atrair investidores e financiamento a crédito, funcionando as mesmas, de facto, como uma garantia de retorno do investimento e da satisfação do crédito[25].

---

[21] Steven P. Croley, "Theories of Regulation: Incorporating the Administrative Process", *Columbia Law Review*, 98, 1998, p. 13.

[22] Denis Borges Barbosa, *Inconstitucionalidade das Patentes "pipeline"* (2006, PDF, Microsoft Word – pipeline2.doc, 8.

[23] Allen C. Nunnally, "Commercialized Genetic Testing: The Role of Corporate Biotechnology in the New Genetic Age", *B.U. J. Sci. & Tech. L.*, 88, 2002, p. 388.

[24] Nancy Gallini, "The Economics of Patents...", *cit.* p.139.

[25] Padmashree Gehl Sampath, Regulating Bioprospecting..., *cit.*, p. 40.

Em todo o caso, não é apenas o número de patentes que constitui o factor decisivo na atracção de investidores ou de financiadores, mas também o nível e o alcance da protecção jurídica que lhes é adscrita. A existência de frequentes violações das patentes e os custos e a incerteza da litigância incorridos para a sua defesa jurisdicional podem afectar decisivamente a sustentabilidade económica das empresas farmacêuticas e de biotecnologia.

A concessão de uma patente, com *o monopólio temporário* que ela implica, é o preço que o público paga para ter acesso a algo que até então lhe era desconhecido[26]. É uma espécie de contrato entre a sociedade e o inventor. Este monopólio temporário é simultaneamente uma restrição à actividade económica e um pressuposto da mesma. Apesar de tudo, trata-se de um monopólio relativo e com características *sui generis*.

Em primeiro lugar, porque mesmo durante esse período de protecção das patentes outros inventores se podem inspirar no invento e começar, a partir daí, a desenvolver e produzir novos e mais avançados produtos. Em segundo lugar, porque é sempre possível licenciar a outros a exploração do produto, propiciando a transferência de *know-how* e de tecnologia durante o período de vigência da patente, sendo que isso é mais viável num contexto de uma forte protecção da propriedade intelectual[27]. Em terceiro lugar, porque uma vez expirado o prazo de protecção da patente qualquer um pode explorar aquela invenção, colhendo benefícios de um produto para cujo desenvolvimento em nada contribuiu[28].

Em bom rigor, o dilema *patentes vs. pacientes* é um falso dilema. Isto porque a protecção sustentável dos direitos e interesses

---

[26] Este ponto é sublinhado por Jeremy Phillips, Alison Firth, *Introduction to Intellectual Property Law*, cit., p. 44.

[27] Em termos gerais, pode ver-se Bharat Anand; Tarun Khanna, "The Structure of Licencing Contracts", *Journal of Industrial Economics*, 48, 2000; Ashish Arora; Andrea Fosturi, "The Market for Technology in the Chemical Industry: Causes and Consequences", *Revue d'Economie Industrielle*, 92, 2000.

[28] Nancy Gallini, "The Economics of Patents…", *cit.*, p. 139.

dos pacientes é indissociável de uma justa e adequada protecção das patentes. A falta de uma protecção de patentes adequada traduzir-se-á numa estrutura de incentivos desfavorável à investigação e desenvolvimento de medicamentos tecnologicamente mais avançados, com perdas significativas para a saúde pública nacional e global. Tanto mais quanto é certo que o desenvolvimento de resistência aos antibióticos por parte de muitos vírus exige um esforço continuado de investigação, que só uma protecção patentária adequada consegue garantir[29].

De resto, não é apenas neste domínio que assim acontece. Toda a doutrina que se preocupa com a generalização da liberdade de expressão e com a criação de um *livre mercado das ideias*, beneficiando das invenções, das informações e do *input* criativo e comunicativo dos cidadãos, está de acordo com o princípio de que a prossecução sustentada desse objectivo é indissociável de uma robusta protecção dos direitos de autor e direitos conexos. O artigo 5.º IX da Constituição brasileira estabelece que "[é] livre a expressão da atividade intelectual, artística, científica e de comunicação, independentemente de censura ou licença". Também neste domínio os ganhos do curto prazo obtidos com uma maior facilidade de reprodução das obras autorais seriam largamente neutralizados, a médio e longo prazo, pelo desincentivo económico de investir na sua produção, edição e comercialização.

Reconhece-se que a protecção da propriedade intelectual e industrial desempenha uma importante *função social*, na medida em que propicia o desenvolvimento intelectual, cultural e científico dos Estados. No domínio da indústria farmacêutica, essa protecção é condição essencial para a promoção sustentada da saúde pública.

---

[29] Daniela Vanila Benetti, "Protecção às Patentes de Medicamentos e Comércio Internacional", *Propriedade Intelectual e Desenvolvimento*, (Luiz Otávio Pimentel, Welber Barral, eds.), Editora Fundação Boiteux, Florianópolis, Brasil, 2006, p. 327 ss.

3. PATENTES "PIPELINE"

3.1. *Caracterização*

É neste contexto que deve ser equacionada a questão das patentes "pipeline". Estas, como melhor se verá adiante, conferem protecção num determinado país a produtos em desenvolvimento, cujas patentes foram primeiramente registadas num pais estrangeiro, pelo prazo de duração da protecção neste país onde foi efectuado o primeiro registo. Nas palavras do Tribunal da Comunidade Andina, "...o pipeline é um mecanismo de transição para conceder protecção a produtos que não eram patenteáveis, em países que estão modificando o seu normativo sobre patentes"[30].

A expressão "pipeline" designa o "tubo" em que o produto se encontra na sua fase de desenvolvimento anterior à entrada no mercado[31]. A concessão de patentes "pipeline" tem sido erroneamente criticada por alguns, por considerarem que essa protecção seria acrescida em termos retroactivos, favorecendo assim os interesses das empresas farmacêuticas à custa dos interesses dos consumidores. Em sentido divergente, entende-se que só recompensando os investimentos realizados no passado é que se pode encorajar investimentos futuros.

A introdução desta figura, estando longe de ser arbitrária, pretende ir ao encontro das especificidades da indústria farmacêutica que, diferentemente do que sucede com outras indústrias, vê frequentemente protelada no tempo a entrada dos seus produtos no

---

[30] Decisão No. 1-AI-96, de 30 de outubro de 1996, louvando-se em Industry Functional Advisory Committee for Trade in Intellectual Property Rights, "Report of the Industry Functional Advisory Committee for Trade in intellectual Property Rights (IFAC-3) on the North American Free Trade Agreement", setembro de 1992.

[31] Denis Borges Barbosa, *Inconstitucionalidade das Patentes "pipeline"*, cit.

mercado, em virtude dos morosos processos de testes clínicos impostos pelas exigências regulatórias.

O problema da protecção das patentes "pipeline" tem sido alvo de intensas discussões do ponto de vista da política do medicamento. Como anteriormente se observou, tudo está em procurar um ponto de equilíbrio entre interesses igualmente prementes, no curto, médio e longo prazo. A procura desse ponto de equilíbrio é essencial para que a investigação, o desenvolvimento e a produção de novos medicamentos continue de forma sustentada, permitindo o acesso continuado dos indivíduos de todos os países a medicamentos tecnologicamente avançados.

Esse equilíbrio pode permitir que o interesse legítimo dos cidadãos na obtenção dos medicamentos a preços mais baixos não acabe por impedir o desenvolvimento de novos medicamentos. Uma política do medicamento constitucionalmente adequada procurará incentivar o investimento sustentado em investigação e desenvolvimento de novos medicamentos de elevada qualidade técnica e científica, conjugando isso com soluções que permitam o acesso generalizado aos medicamentos num mercado competitivo, eventualmente corrigido, nas suas falhas, por mecanismos de justiça social. Nas linhas que se seguem procuramos delimitar as balizas que os princípios constitucionais colocam à procura desse equilíbrio, aspecto que concretizaremos quando nos pronunciarmos sobre a questão da constitucionalidade das patentes "pipeline".

3.2. *Generalização das patentes "pipeline"*

A tendência actual vai no sentido de um reforço da protecção da propriedade intelectual no plano internacional. É evidente que, num primeiro momento, esse reforço favorece a posição dos Estados mais desenvolvidos, desde logo porque são eles os que mais investem em investigação e desenvolvimento, obtendo com isso um maior número de registos de patentes. Os Estados Unidos, por exemplo, têm procurado reforçar a protecção das patentes registadas no seu território[32]. Esta tendência tem incluído, paralelamente, um reforço de protecção das patentes "pipeline", nomeadamente através da celebração de múltiplas convenções internacionais multilaterais (v.g. NAFTA) e bilaterais[33].

É possível que a proliferação de tratados internacionais acolhendo a figura das patentes "pipeline" ao longo de várias décadas possa ser vista como expressão da sua legitimidade à face do direito internacional consuetudinário. O não cumprimento dessas convenções internacionais em matéria de protecção de propriedade intelectual dá frequentemente lugar à aplicação de medidas de retaliação comercial. Assim é, na medida em que o cumprimento dos tratados internacionais é indissociável dos princípios da igualdade e reciprocidade nas relações entre Estados[34].

Estes mesmos princípios têm consequências de relevo no que respeita às relações entre Estados. Assim, se um Estado em vias de desenvolvimento pretender obter uma protecção mais robusta para as invenções desenvolvidas no seu território que aí tenham obtido o registo de patente, o mesmo dificilmente conseguirá esse objectivo se não conceder um grau de protecção idêntico às patentes primeiramente registadas no estrangeiro. Na verdade, dado o relevo central

---

[32] Segundo Nancy Gallini, "The Economics of Patents...", *cit.*, p. 131 ss., os Estados Unidos, confrontados com uma quebra na sua própria inovação científica e tecnológica na década de 70 do século XX, têm procurado estimular a inventividade, reforçando a protecção judicial das patentes, criando uma jurisdição especializada no domínio da protecção intelectual, estendendo a patenteabilidade a novos produtos e alongando os prazos de protecção.

[33] Os Estados Unidos celebraram acordos internacionais prevendo a figura das patentes "pipeline" com um grupo significativo de Estados, incluindo Albânia, Bulgária, Cambodja, República Checa, Equador, Hungria, Laos, Letónia, Lituânia, Mongólia, Nicarágua, República Popular da China, Polónia, Roménia, República Eslovaca, Coreia do Sul, NAFTA (México). Uma parte significativa destes acordos foi celebrada antes da entrada em vigor do Acordo TRIPS.

[34] Ana Cristina Almeida Muller, Nei Pereira Jr., Adelaide Maria de Souza Antunes, "Protecting Biotechnological Inventions in Brazil and Abroad...", *cit.*, p. 151 ss.

ocupado pelos princípios da igualdade e da reciprocidade no direito internacional, dificilmente um Estado conseguirá para as patentes o reconhecimento, por parte de outros Estados, de um nível de protecção jurídica superior àquele que ele próprio está disposto a reconhecer as patentes registadas nesses outros Estados.

A igualdade e a reciprocidade proíbem qualquer discriminação entre patentes nacionais e estrangeiras e conferem aos Estados lesados a possibilidade de retaliarem sempre que essa discriminação se verificar. Daí que, a longo prazo, seja vantajoso aos Estados menos desenvolvidos conceder um nível elevado de protecção às patentes registadas no estrangeiro.

3.3. *Novidade da invenção e patentes "pipeline"*

Um aspecto central da problemática das patentes "pipeline" prende-se com a sua relação com o requisito da novidade. A protecção das patentes pretende atribuir ao inventor um monopólio sobre a comercialização do invento, tendo em vista, a um tempo, premiá-lo pela sua actividade criativa e remunerá-lo pelos custos incorridos no desenvolvimento do seu invento.

Tratando-se de uma patente sobre um invento novo, esse monopólio é considerado legítimo, na medida em que não prejudica nenhum concorrente, já que é de supor que antes da patente o invento não era conhecido nem se encontrava disponível aos concorrentes do inventor[35]. Estes, por não estarem em condições de explorar comercialmente o invento, não estão a ser privados de qualquer coisa. Acresce que se trata de um monopólio temporalmente limitado, diferentemente do que sucede com o direito de propriedade.

Em face do exposto, uma invenção não será considerada nova quando tenha sido previamente patenteada, usada publicamente,

---

[35] Jeremy Phillips, Alison Firth, *Introduction to Intellectual Property Law*, cit., p. 25 ss.

exibida, apresentada ou publicada de maneira tal que torne possível o seu uso aos conhecedores da arte[36]. Por outras palavras, uma invenção considera-se nova enquanto não fizer parte do estado da arte ou não seja possível inferi-la do estado da arte. A mesma continua a ser nova mesmo quando secretamente conhecida e usada por alguém durante centenas de anos, porque nova, neste contexto, significa nova para o público[37]. Este *standard* da novidade nem sempre é entendido de forma absoluta, existindo grandes discrepâncias no respectivo tratamento no âmbito dos diferentes ordenamentos jurídicos nacionais. Alguns países consideram novas as invenções que nunca foram publicitadas noutra parte do mundo, enquanto que outros consideram nova aquela invenção que nunca foi tornada pública no próprio país. Isto é, o critério da novidade pode ser entendido numa perspectiva internacional ou global, e numa perspectiva territorial ou nacional. As patentes "pipeline" têm suscitado alguma controvérsia na medida em que se diz que as mesmas representam uma excepção ao princípio da novidade absoluta.

Porém, é evidente que as patentes "pipeline" não criam qualquer dificuldade do ponto de vista do direito internacional. Na verdade, o próprio Acordo TRIPS não exige o requisito da novidade absoluta. Esse entendimento é partilhado pela doutrina dominante. O artigo 27.º/1 do Acordo TRIPS afirma que "[s]em prejuízo do disposto nos n.ºs 2 e 3, podem ser obtidas patentes para quaisquer invenções, quer se trate de produtos ou processos, em todos os domínios da tecnologia, desde que essas invenções sejam novas, envolvam uma actividade inventiva e sejam susceptíveis de aplicação industrial".

Na verdade, nem o TRIPS nem sequer a Convenção de Paris exigem a novidade absoluta como requisito da patenteabilidade dos

---

[36] Thomas Creel, Drew Wintringham, "Patent System and their Role in the Technological Advance of Developing Nations", *Rutgers Computer and Technology Journal*, 10, 1983-1984, p. 257 ss.

[37] Neste sentido, Jeremy Phillips, Alison Firth, *Introduction to Intellectual Property Law*, *cit.*, p. 44.

produtos. Isto mesmo foi salientado a propósito do *Patent Act* norte-americano, instrumento que, embora não exigindo a novidade absoluta como requisito de patenteabilidade, nem por isso foi considerado como estando em desconformidade com o Acordo TRIPS[38]. O artigo 27.º do Acordo TRIPS confere aos Estados a possibilidade de admitirem, total ou parcialmente, um critério de novidade relativa para a patenteabilidade. De resto, a adesão a um critério da novidade absoluta seria incompatível com a protecção internacional das patentes, essencial numa economia globalizada. Um tal critério acabaria por frustrar o objectivo central do TRIPS, que consiste em reforçar a protecção internacional da propriedade intelectual. Sem prejuízo do que acaba de ser dito, tanto a Convenção de Paris como os textos normativos reguladores das as patentes "pipeline" consideram relevante a novidade absoluta, embora entendam que a sua avaliação se deve reportar à data do primeiro depósito no exterior. Por outras palavras, no caso brasileiro a manutenção da novidade absoluta é obtida, quer à luz da prioridade da Convenção de Paris, consagrada no artigo 16.º da Lei 9.279/96, quer, no caso das patentes "pipeline", na salvaguarda da data do primeiro depósito no exterior, tal como resulta do artigo 230.º do mesmo diploma.

3.4. *Extensão das patentes e patentes "pipeline"*

Um problema amplamente discutido no âmbito do direito das patentes diz respeito à extensão dos respectivos prazos de protecção e às implicações jurídicas daí decorrentes, tanto no plano interno, como no plano internacional. Trata-se aqui do problema conhecido por "extensão de patentes" ou prorrogação de patentes. Na generali-

---

[38] Veja-se, o Document 05/01/8 IP/Q3/USA/1, contendo um relatório apresentado pelos Estados Unidos à OMC, sobre a compatibilidade da "section 102(a)" do seu *Patent Act* com o requisito da novidade do artigo 27.º/1 TRIPS.

dade dos casos, a extensão das patentes tem como fundamento material o objectivo de restaurar a vida efectiva das mesmas, impedindo que factores externos – como guerras, crises, emergências, procedimentos administrativos de autorização dos produtos ou a sujeição dos medicamentos a novos testes – possam subverter a sua intencionalidade protectora. Na verdade, a extensão das patentes é materialmente justa na medida em que pretenda ser fiel à *ratio* protectora das patentes, ínsita na ideia de direito de propriedade intelectual e de direitos fundamentais em geral.

Esta *ratio* protectora obriga a que a concessão de patentes assegure a respectiva efectividade, sob pena de não ter sentido útil. Pretende-se, também aqui, promover o investimento e a investigação no domínio farmacêutico, procurando minimizar os problemas suscitados pelo aproveitamento indevido do esforço de outrem (*free rider problem*) e a cópia de medicamentos[39]. O prolongamento da duração da patente deve ser visto, não como uma anomalia, mas como uma solução normal imposta pelo princípio da efectividade das patentes. A haver anomalia, ela está nas vicissitudes que privam a patente da sua eficácia protectora.

Se é assim, então deve considerar-se inteiramente legítima, e mesmo devida, a aplicação às patentes derivadas num Estado das extensões que forem concedidas às patentes originárias no Estado do respectivo registo, valendo isso claramente para as patentes "pipeline". Também estas, uma vez concedidas, devem obedecer a um princípio de efectividade da vida das patentes. Qualquer restrição a este princípio deve conformar-se com a letra e o espírito das normas internacionais e internas relevantes. Vejamos melhor este ponto.

---

[39] Daniel Goldberg, "Cornering the Market in a Post-9/11 World: The Future of Horizontal Restraints", *J. Marshall L. Rev.* Spring, 36, 2003, p. 567 ss.

3.4.1. *Extensão da patente como compensação pela sua redução*

Nos Estados Unidos, a Constituição Federal Americana, de 1787, no seu artigo 1.°, § 8 cl. 8, conhecido como *Intellectual Property Clause*, veio autorizar a atribuição aos inventores de direitos exclusivos sobre o aproveitamento económico dos seus inventos. Estes direitos estendiam-se por 17 anos. No entanto, em 1938, o *Federal Drug, Food and Cosmetic Act*, ao subordinar os produtos farmacêuticos, antes da sua entrada no mercado, a um controlo de saúde pública por parte da *Food and Drugs Administration* (FDA), veio restringir a vida efectiva das patentes farmacêuticas, causando prejuízos económicos aos inventores e investidores, aumentando o risco e desencorajando o desenvolvimento de novos produtos[40]. Indo ao encontro deste problema, foi aprovado, em 1984, o *Patent Term Restoration Act*, também conhecido por *Hatch-Waxman Act*[41].

Entre outras coisas, este instrumento normativo veio prever a possibilidade de prorrogação das patentes, de forma a restaurar a sua vida efectiva, restringida pelo período em que os produtos farmacêuticos eram sujeitos a testes clínicos. Esta solução foi por muitos considerada insuficiente, alegando-se que os prazos de prorrogação eram curtos que em muitos casos a prorrogação não era concedida ou não era concedida na sua totalidade. Daí a existência de ulteriores iniciativas legislativas no mesmo sentido. Assim, por exemplo, em 1999, nos Estados Unidos, foram apresentadas duas iniciativas legislativas – o *Patent Fairness Act* e o *Drug Patent Term Restora-*

---

[40] Alison R. McCabe, "A Precarious Balancing Act-The Role of the FDA as Protector of Public Health and Industry Wealth", *Suffolk U. L. Rev.*, 36, 2003, p. 792 ss.

[41] *Drug Price Competition and Patent Term Restoration (Hatch-Waxman)* Act of 1984 § 201, 35 U.S.C. § 156 (2006). Este instrumento normativo veio admitir o prolongamento do prazo de protecção da patente durante um período correspondente a metade do tempo gasto em testes clínicos, geralmente de 6 a 8 anos, acrescido do tempo gasto pela FDA na avaliação dos pedidos de patente, que foi estimado em 2 anos. Daniel Goldberg, "Cornering the Market in a Post--9/11 World...", *cit.*, p. 557 ss.

tion Review – tendo em vista prorrogar a vida das patentes de alguns medicamentos ("*pipeline drugs*)", como forma de, na sequência de outras iniciativas semelhantes do Congresso norte-americano, compensar as empresas farmacêuticas pelo tempo, imprevisível para as mesmas, em que esteve pendente a aprovação clínica desses medicamentos pela FDA.

Estas iniciativas legislativas procuravam criar um processo imparcial e objectivo de exame da situação das patentes em concreto, que tivesse na devida conta o tempo em que os medicamentos estiveram sujeitos a análises clínicas, corrigindo desse modo a ponderação feita pela legislação anterior, o *Patent Term Restoration Act* de 1984[42]. Este instrumento normativo limitava a extensão das patentes a 2 anos, por situar o tempo médio de aprovação pela FDA em 2,5 anos. A necessidade de compensar as empresas farmacêuticas pelos atrasos no processo de aprovação dos medicamentos pela FDA – anterior à sua comercialização – era justificada com base na ideia de que estes se deviam, essencialmente, à incapacidade institucional desta entidade para dar resposta, em tempo razoável, aos pedidos de autorização. Tal incapacidade acabava por se traduzir numa verdadeira privação da protecção garantida pela patente. Daí decorriam duas consequências nefastas, ambas materialmente injustas.

Em primeiro lugar, havia um impacto claramente discriminatório sobre aqueles que se dedicam à investigação e ao desenvolvimento no sector farmacêutico. Por um lado, as patentes farmacêuticas viam desse modo substancialmente reduzida a sua "vida", em contraste com o que se passa noutros sectores do desenvolvimento tecnológico e científico. Por outro lado, os medicamentos de referência eram assim penalizados relativamente aos medicamentos

---

[42] Jaclyn L. Miller, "Drug Price Competion and Patent Term Restoration Act: The Elimination of Competition Between Drug Manufacturers", *DePaul J. Health Care L.*, 5, 2002, p. 98 ss.; Alfredo De La Rosa, "A Hard Pill to Swallow: Does Schering V. Geneva Endanger Innovation within the Pharmaceutical Industry?", *Colum. Sci. & Tech. L. Rev.*, 8, 2007, p. 83 ss.

genéricos, já que estes podem frequentemente contornar grande parte do moroso processo de aprovação junto da FDA[43].

Em segundo lugar, a redução da vida das patentes por efeito do processo de aprovação clínica punha em causa a realização das finalidades substantivas que lhes estão subjacentes, de remuneração dos investimentos feitos no passado, de atenuação do risco económico inerente à produção e comercialização dos medicamentos no presente e de incentivo à investigação e ao desenvolvimento de novos medicamentos farmacêuticos no futuro.

De acordo com as referidas iniciativas legislativas de 1999, haveria lugar a uma compensação limitada das empresas farmacêuticas produtoras de medicamentos genéricos, desde que estas já tivessem iniciado o processo de obtenção de autorização, junto da FDA, para os equivalentes dos medicamentos ainda no "pipeline". Esta solução de extensão das patentes suscitou algumas objecções, uma das quais relacionada com o facto de alguns medicamentos já terem beneficiado de extensões por efeito do *Patent Term Restoration Act*, de 1984 e do *Uruguai Agreement Act*, de 1994, e poderem assim beneficiar de uma extensão para além do prazo de 20 anos.

Em todo o caso, neste tipo de extensões está em causa uma intenção compensatória, uma espécie de restauração natural (*restitutio in integrum*) da patente, em virtude de o seu efeito protector ter sido substancialmente neutralizado pelo processo de aprovação. Materialmente, não se estaria perante uma medida de extensão da patente, mas sim de preservação da mesma, garantindo a sua vida efectiva.

3.4.2. *Extensão da patente como incentivo ao aperfeiçoamento do produto*

Intimamente relacionado com o argumento apresentado no ponto anterior, que vê a extensão como restauração do tempo de

---

[43] Shilpa Patel, "Patent Fairness Act of 1999...", *cit.*, p. 168 ss.

vida da patente consumido nos testes junto da FDA, está o argumento que vê na perspectiva de obtenção de uma extensão da patente um importante incentivo à realização de testes mais aprofundados acerca da sua viabilidade clínica.

Note-se que a aprovação de um medicamento já é, em si mesma, um processo complexo e bastante prolongado, que inclui, entre outras coisas, a administração do medicamento a algumas dezenas de pacientes, o posterior alargamento dos testes a centenas de pacientes, e, numa fase mais avançada, a avaliação do medicamento em milhares de pacientes[44]. A evidência assim obtida é depois sujeita a várias sessões de discussão e revisão, envolvendo os fabricantes e a FDA. Para os proponentes deste argumento, a complexidade e o rápido desenvolvimento dos conhecimentos biotecnológicos recomendam, nalguns casos, um ulterior aprofundamento dos testes clínicos, só possível mediante uma prorrogação da patente[45].

Embora seja uma maneira diferente de encarar a mesma realidade, o acento tónico já não é colocado na ideia de restauração da vida efectiva da patente, mas sim na sujeição do medicamento a novos testes e novas pesquisas que permitem melhores garantias de que o mesmo não atenta contra a saúde pública. É que, uma vez expirada a patente e caído o medicamento no domínio público, deixa de existir uma estrutura de incentivos favorável a este tipo de testes, em virtude do risco previsível de um *"free rider problem"*[46].

Esta justificação para a extensão das patentes pretende combater os medicamentos que representem um risco para a saúde pública. A extensão das patentes é, por esta via, defendida como um meio

---

[44] Jaclyn L. Miller, "Drug Price Competion...", *cit.*, p. 96 ss.

[45] Refira-se que em muitos casos o processo pode ser substancialmente acelerado, graças ao regime consagrado no *Prescription, Drug User Fee Act*, de 1992, diploma que foi recentemente reconfirmado e ampliado, na sua aplicação, pelo Presidente George W. Bush, através do *Food and Drug Administration Amendment Act*, de setembro de 2007.

[46] Michael Abramowicz, "The Danger of Underdeveloped Patent Prospects", *Cornell Law Review,* 92, September, 2007, p. 1069 ss.

adequado e necessário ao objectivo de aumentar os testes clínicos aos medicamentos. Tanto mais que se trata de domínios da ciência em que os desenvolvimentos são muitos e muito rápidos, a ponto de nem sempre permitirem aos especialistas o seu rigoroso e completo acompanhamento[47]. Nestes casos, a extensão previne a introdução no mercado de medicamentos insuficientemente desenvolvidos e testados[48].

Um exemplo prático desta realidade pode encontrar-se a propósito do *Best Pharmaceuticals for Children Act,* de 2001. Esta lei foi aprovada pelo Congresso norte-americano num contexto marcado pelo receio de ataques de Antrax, por um lado, e pelo objectivo de assegurar um armazenamento suficiente da Cipro, um antibiótico utilizado para vítimas da exposição a essa substância. A mesma concedeu uma extensão de patentes durante um prazo de 6 meses para vários medicamentos, entre os quais o Cipro, tendo-se as empresas farmacêuticas comprometido a realizar testes adicionais durante esse período para garantir que os medicamentos não ofereciam riscos adicionais quando administrados às crianças[49].

A extensão das patentes funciona, de acordo com este entendimento, como um incentivo positivo a um cuidado maior no processo de licenciamento dos medicamentos. O interesse público pode ser melhor servido com uma extensão de patentes do que com prazos mais curtos de protecção patentária, que conduzam à introdução de medicamentos menos eficazes e mesmo mais perigosos para a saúde pública. Em todo o caso, esta linha de argumentação não deixa de alertar para os riscos de uma utilização abusiva deste mecanismo, com o objectivo de obter uma indevida extensão das patentes, à margem de qualquer fundamento material razoável[50].

---

[47] Michael Abramowicz, "The Danger of Underdeveloped Patent Prospects", *cit.*, p. 1097.

[48] Michael Abramowicz, "The Danger of Underdeveloped Patent Prospects", *cit.*, p. 1167 ss.

[49] Devin Taylor, "Importing a Headache for Which There´s no Medicine: Why Drug Reimportation Should and Will Fail", J.*L.* & *Pol'y*, 15, 2007, p. 1451.

[50] Devin Taylor, "Importing a Headache…", *cit.,* p. 1453.

3.4.3. Patente europeia e extensão das patentes

Na Europa, foi celebrada em Munique, a 5 de outubro de 1973, a Convenção da Patente Europeia, que tem constituído um importante instrumento de integração jurídica e económica e de promoção da inovação e do conhecimento na Europa. A CPE entrou em vigor a 7 de outubro de 1977, tendo as primeiras patentes sido concedidas em 1980. A CPE tem hoje mais de trinta Estados partes. A última revisão da CPE foi adoptada em Munique, a 29 de novembro de 2000, tendo entrado em vigor a 13 de dezembro de 2007, dois anos após a décima quinta ratificação.

Com este instrumento internacional lançaram-se as bases de um sistema europeu de patentes, centralizado no Instituto Europeu de Patentes, criado em Haia, em 1947. Juntamente com o Conselho de Administração, o Instituto Europeu de Patentes integra a Organização Europeia de Patentes. É ao Instituto Europeu de Patentes, com sede em Munique, que compete a concessão das patentes europeias, sob a supervisão do Conselho de Administração[51].

O artigo 52.º/1 da CPE dispõe que "[a]s patentes europeias serão concedidas para quaisquer invenções, em todos os domínios tecnológicos, desde que sejam novas, envolvam actividade inventiva e sejam susceptíveis de aplicação industrial." Estes critérios são densificados nas disposições seguintes[52]. O critério da novidade é especialmente importante neste contexto. Nos termos do artigo 54.º/1 da CPE, "[u]ma invenção é considerada nova se não fizer parte do estado da técnica". Uma invenção faz parte do estado da técnica quando tenha sido de alguma forma tornada acessível ao público antes da data da prioridade mais antiga reivindicada no pedido de patente europeia. Do mesmo modo, quando o conteúdo dos pedidos de patente europeia tenha uma

---

[51] Artigos 2.º e 4.º da CPE.
[52] Sobre estes critérios de patenteabilidade, veja-se os artigos 54.º e 55.º (sobre o critério da novidade); 56.º (sobre actividade inventiva); e 57.º (sobre aplicação industrial) da CPE.

data anterior à da apresentação, entende-se que não está verificado o requisito da novidade.

Nos termos do artigo 63.º/1 da CPE, a duração da patente europeia é de 20 anos a contar da data da apresentação do pedido. No entanto, admite-se, n.º 2/b) do mesmo artigo, que um Estado possa prolongar a duração das patentes, nomeadamente "[s]e o objecto da patente europeia for um produto ou um processo de fabrico ou uma utilização de um produto que, antes da sua colocação no mercado nesse Estado, tenha de ser submetido a um procedimento administrativo de autorização instituído pela lei"[53]. Subjacente a este dispositivo encontra-se a mesma finalidade substantiva de restauração da vida efectiva da patente que vimos acima. Os actos relativos ao prolongamento da duração da patente ou à concessão de protecção equivalente podem ser transferidos para o Instituto Europeu de Patentes (art. 63.º/4 da CPE).

Nos termos do artigo 64.º da CPE, a patente europeia confere ao seu titular os mesmos direitos que lhe conferiria uma patente nacional concedida nesse Estado. Quando a patente verse sobre um processo, os direitos por ela conferidos estendem-se aos produtos obtidos directamente por esse processo. Estes direitos contam-se da data da publicação da menção da sua concessão no Boletim Europeu de Patentes e em cada um dos Estados Contratantes em relação aos quais foi concedida.

Como se vê, o regime europeu não se afasta das preocupações presentes noutros modelos de protecção da propriedade intelectual. Na verdade, não poderia ser de outro modo num mundo cada vez mais globalizado. Por um lado, pretende-se reforçar a protecção

---

[53] Acto Relativo à Revisão do Artigo 63.º da Convenção sobre a Concessão de Patentes Europeias (Convenção sobre a Patente Europeia), de 5 de outubro de 1973, assinado em 17 de dezembro de 1991; segundo o disposto no respectivo artigo 4.º, o texto revisto do artigo 63.º da Convenção sobre a Patente Europeia entra em vigor dois anos após o depósito do último dos instrumentos de ratificação ou de adesão de nove Estados Contratantes, ou no 1.º dia do 3.º mês após o depósito do instrumento de ratificação ou de adesão do Estado Contratante que proceder em último lugar a esta formalidade, se essa data for anterior.

transnacional das patentes, assegurando a respectiva validade e eficácia em diferentes ordenamentos jurídicos, centralizando e simplificando os procedimentos.

Por outro lado, assegura-se a efectividade da vida da patente, tomando medidas afirmativas de compensação pelas vicissitudes externas que sobre ela se possam repercutir negativamente. No fundo, trata-se de – privilegiando uma abordagem material-contextual e não meramente formal-abstracta das patentes – ser fiel ao objectivo central subjacente ao reconhecimento dos direitos fundamentais em geral, e dos direitos de propriedade intelectual e industrial em especial, que consiste em proteger efectivamente determinados bens jurídicos e interesses dignos de protecção (dos autores, criadores e inventores) providenciando uma estrutura de incentivos capaz de servir o interesse público de maximização da oferta cultural, científica e tecnológica.

3.4.4. *Extensão das patentes e o carácter derivado das patentes "pipeline"*

As patentes "pipeline" são entendidas, pelo artigo 230.º da Lei n.º 9.279/96, como patentes dependentes das patentes originárias obtidas no estrangeiro. Essa relação de dependência manifesta-se relativamente a várias vicissitudes. Assim, por exemplo, se for decretada a nulidade, com efeitos *ex tunc*, da patente originária, essa nulidade repercute-se sobre a patente derivada, que também passa a ser nula[54]. A dependência revela-se também relativamente ao

---

[54] BRASIL. Trigésima Sétima Vara Federal do Rio de Janeiro. Ação Ordinária n.º 2004.51.01.490252-0. Autora: Chiron Corporation. Réus: Smithkline Beecham e Instituto Nacional da Propriedade Industrial – INPI. Juíza Federal Márcia Maria Nunes de Barros. Rio de Janeiro, 13 de outubro de 2006. *D.O.E.* 25 de outubro de 2006, p. 44-49; BRASIL. Décima Segunda Vara Cível Federal de São Paulo. Ação Ordinária n.º 2003.61.00.010308-3. Autores: Bayer S/A, Bayer Aktiengesellschaft e Instituto Nacional da Propriedade Industrial – INPI. Rés: Pfizer Limited e Laboratórios Pfizer Ltda. Juíza Federal Elizabeth Leão. São Paulo, 11 de abril de 2006. *D.O.E.* 05 de maio 2006, p. 77.

pedido da patente "pipeline", na medida em que se houver desistência do pedido original, também o pedido da patente "pipeline" fica sem efeito.

Daqui pode retirar-se a ideia de que, se o Estado faz repercutir nas patentes "pipeline" as vicissitudes que afectam negativamente a patente originária, então também deve fazer repercutir as vicissitudes que a afectam positivamente, como é o caso da extensão da patente originária. Isto decorre, desde logo, do princípio da regularidade da actuação estadual, que é um corolário do princípio do Estado de direito. Trata-se aqui de uma manifestação do princípio *non venire contra factum proprium*, que preclude a adopção de uma conduta auto-contraditória por parte do Estado, desprovida de uma fundamentação jurídica material suficiente.

O princípio da independência das patentes, estabelecido no artigo 4.º bis da Convenção da União de Paris, não se opõe a este entendimento, na medida em que as patentes de revalidação constituem uma excepção a este princípio, como é reconhecido desde há muito pela generalidade dos comentadores[55].

3.4.5. *Extensão das patentes e protecção efectiva*

A questão da extensão das patentes deve ser equacionada ainda à luz de um argumento ulterior. O sistema de patentes deve ser cada vez mais interpretado tendo como pano de fundo o direito internacional dos direitos humanos. Trata-se de uma nova realidade que veio alterar profundamente o entendimento tradicional do direito das patentes, marcado em boa medida por concepções estatistas do direito internacional e também do próprio direito da propriedade intelectual. Como melhor veremos adiante, a jurisprudência internacional dos direitos humanos tem vindo a afirmar a natureza jurídico-

---

[55] G. Bodenhausen, *Guide to the Application of the Paris Convention for the Protection of Industrial Property*, Geneva, BIRPI, 1968, p. 25 ss.; Stephen Ladas, *Patents, Trademarks and Related Rights*, I, Cambridge, Mass., 1975, p. 373 ss.

subjectiva fundamental dos direitos de propriedade intelectual e industrial, sublinhando o seu radical subjectivo por referência aos autores e inventores.

A interpretação do sistema de patentes à luz do direito internacional dos direitos humanos obriga a que se coloque o acento tónico na ideia de protecção efectiva dos direitos daí decorrentes Ora, se existe uma prorrogação das patentes no estrangeiro, tendo em vista a garantia da respectiva vida efectiva por causa da duração excessiva dos testes clínicos, é inteiramente defensável extensão idêntica para a patente "pipeline". As razões de justiça e equidade que são mobilizadas para fundamentar a extensão da patente originária, valem inteiramente no caso das patentes "pipeline". Trata-se, em ambas situações, de salvaguardar a vida efectiva da patente. As patentes podem perder toda a sua utilidade económica, frustrando a sua intenção de protecção da investigação e do investimento, se a sua vida efectiva for substancialmente reduzida pela duração excessiva dos testes clínicos e de autorização sanitária.

3.4.6. *Não excepcionalidade da extensão das patentes*

À semelhança do que vimos suceder no contexto norte-americano e europeu, a extensão das patentes também é uma figura com plena consagração no direito positivo brasileiro. O artigo 40.º § único da Lei n.º 9.279/96 estabelece que o prazo de protecção efectiva da patente de invenção nunca será inferior a 10 anos. Assim, se decorridos 10 anos após o dia do depósito, a patente ainda não tiver usufruído de protecção efectiva, o prazo de protecção poderá ser estendido tanto quanto for necessário para garantir um mínimo de protecção de 10 anos, ainda que assim se ultrapasse o prazo de 20 anos consagrado no mesmo artigo 40.º. Ora, se o § único do artigo 40.º é plenamente constitucional, na medida em que pretende garantir um mínimo de vida efectiva da patente, uma ideia de *justiça do sistema* leva a que também seja constitucional a extensão da patente "pipeline" fundada na garantia da vida efectiva da patente originária.

Este entendimento, para além da inerente razoabilidade do ponto de vista dos princípios pertinentes, tem um fundamento jurídico-positivo no § 4 do artigo 230.º da Lei n.º 9.279/96, que garante à patente "pipeline" o prazo remanescente de protecção da patente obtida no estrangeiro.

3.5. *Ponderação de interesses e concordância prática*

Neste, como noutros domínios do direito, está em causa a conciliação dos vários direitos e bem jurídicos em presença. Os direitos, não sendo absolutos, devem ser ponderados com outros direitos e interesses da comunidade e do Estado[56]. Tanto no direito constitucional como no direito internacional, dificilmente a protecção de um único bem poderá ser absolutizada. Por exemplo, quando se consideram os direitos dos autores ou dos inventores não podem igualmente deixar de ser considerados os direitos de fruição cultural ou protecção da saúde da generalidade dos cidadãos.

Por vezes, a ponderação pode ser multidimensional e complexa, na medida em que supõe uma avaliação de uma pluralidade de bens. Assim, neste domínio digladiam-se os interesses das empresas farmacêuticas de referência e de cópias, dos consumidores, dos países menos desenvolvidos, tendo como pano de fundo os riscos de pandemias globais e clima de insegurança internacional, marcado pela ameaça de ataques químicos e bactereológicos, diante do qual a robustez científica, tecnológica e económica da indústria farmacêutica pode desempenhar um papel decisivo [57].

---

[56] Roza Pati, "Rights and Their Limits: The Constitution for Europe in International and Comparative Legal Perspective", *Berkeley J. Int'l L*, 23, 2005, p. 223. Focando o problema do balanceamento de direitos e interesses na propriedade industrial, cfr. Gino Scaccia, "Il bilanciamento degli interessi in materia di proprietà intellettuale", AIDA XIV, 2005, p. 198.

[57] Alison R. McCabe, "A Precarious Balancing Act...", *cit.*, p. 817.

A interpretação dos direitos fundamentais e bens jurídicos em colisão deve levar em conta os *topoi* hermenêuticos da harmonização, da máxima efectividade e da concordância prática, procurando soluções que viabilizem, em termos práticos, o exercício de diferentes direitos em colisão, sem restringir de forma desproporcional qualquer um deles ou ameaçar a subsistência do respectivo conteúdo essencial.

A aplicação do princípio da proporcionalidade deve ter em conta a necessidade ponderar grandezas incomensuráveis entre si (v.g. protecção dos inventores vs. saúde pública) e de ter em conta os custos e os benefícios a curto, médio e longo prazo. A interpretação das normas jurídicas relevantes deve além disso ser dinâmica e adaptativa, de forma a adequar os valores, princípios e regras relevantes aos desafios colocados pela emergência de novos quadros normativos, nacionais e internacionais, dados de facto e realidades estruturais.

Os direitos de propriedade intelectual, à semelhança do que sucede com os demais direitos fundamentais, não podem ser pura e simplesmente preteridos, antes devem ser sujeitos a uma ponderação de bens que, ao mesmo tempo que assegura a harmonização razoável com outros valores, direitos e interesses contrapostos, privados e públicos, preserva as dimensões essenciais do seu conteúdo[58]. Pretende-se lograr o acordo simultâneo dos vários interesses em termos que realizem a devida protecção aos inventores de produtos farmacêuticos, que criem uma estrutura de incentivos favorável ao desenvolvimento de novos produtos e que tutelem as dimensões essenciais da saúde pública[59]. Como veremos a seguir, esta lógica de

---

[58] Neste sentido se pronunciaram o Tribunal Constitucional italiano, na sentença n.º 108/95, de 23 de março de 1995 e o Tribunal Constitucional alemão, BVerfGE, 31, p. 129 ss.

[59] Nesta linha, o Supremo Tribunal norte-americano, no caso *Bonito Boats, Inc. v. Thunder Craft Boats, Inc.*, 489 U.S. 141, 150 (1989) sustentou que o sistema federal de patentes pretende traduzir uma ponderação cuidadosamente lograda ("carefully crafted bargain"), de forma a encorajar a inovação e a promover a expansão do conhecimento.

ponderação está subjacente tanto ao direito internacional dos direitos humanos, como ao direito constitucional dos Estados democráticos. A mesma não pode deixar de conformar o direito internacional das patentes, com aplicações também no caso específico das patentes "pipeline".

4. PROPRIEDADE INTELECTUAL DAS PATENTES FARMACÊUTICAS E DIREITO INTERNACIONAL

4.1. *A WIPO e outros instrumentos internacionais*

Antes da entrada em vigor do regime OMC/TRIPS, a protecção de direitos de propriedade intelectual e industrial assentava, nomeadamente, na Convenção de Paris para a protecção da propriedade industrial, de 1883, e na Convenção de Berna para a protecção de trabalhos literários e artísticos, de 1886[60]. Estes instrumentos internacionais são antecessores directos do Acordo TRIPS e em boa medida por ele incorporados[61]. Os mesmos visavam assegurar aos inventores a protecção dos seus inventos noutros Estados que não o da invenção ou da obtenção da patente original. Estas convenções foram sucessivamente revistas, no sentido de alargar o âmbito de protecção da propriedade intelectual e industrial. Isto embora a Convenção de Paris deixasse aos Estados a definição dos critérios de patenteabilidade.

Na verdade, ambas as Convenções remetiam para os Estados a faculdade de escolher as obras criativas a proteger. Igualmente

---

[60] Andreas F. Lowenfeld, *International Economic Law*, Oxford, 2002(3), p. 98 ss.

[61] J. J. Gomes Canotilho, Paulo de Castro, "Do Efeito Directo do Artigo 33.º do Acordo TRIPS", *cit.*, p. 786 ss. Uma abordagem global sob a perspectiva do direito internacional pode ver-se em Roberto Mastroianni, *Diritto internazionale e diritto d'autore*, ed. Giuffrè, Milano, 1997.

importante é a convenção de Roma, de 1961, sobre direitos vizinhos ou conexos, e o Tratado de Washington, sobre propriedade respeitante a circuitos integrados (note-se que este instrumento ainda não entrou em vigor, embora tenha sido ratificado por vários Estados).

A referência a estes instrumentos internacionais não pretende ser exaustiva, tanto mais que muitos deles não se prendem directamente com a matéria do presente estudo. No entanto, tal referência é fundamental para uma compreensão da protecção da propriedade intelectual e industrial como matéria de direito internacional, transcendendo largamente as fronteiras do direito interno e constitucional dos Estados, já que a mesma se prende com a edificação dos pilares fundamentais de uma economia mundial globalizada.

A protecção da propriedade intelectual e industrial é hoje um elemento fundamental do esforço cooperativo jurídico-económico da comunidade internacional. Nesta matéria, deve destacar-se o papel desempenhado pela World Intelectual Property Organization (WIPO), uma agência especializada das Nações Unidas, estabelecida pela convenção WIPO, de 1967, com o objectivo de promover a protecção da propriedade intelectual em cooperação com os Estados membros. Este objectivo tem-se tornado cada vez mais importante, tendo em conta o aumento exponencial de pedidos de patentes, nos mais variados sectores, ocorrido nas últimas décadas[62].

Na verdade, uma parte significativa da economia mundial depende hoje da adição de quantidades significativas de informação nova, através da criatividade e da invenção. Para a premência desse objectivo de protecção da propriedade intelectual tem igualmente contribuído o desenvolvimento, em várias partes do globo, de verdadeiras indústrias de cópias, nos mais diversos sectores (v. g. relógios, vestuário e calçado, filmes, computadores, software, medicamentos, produtos químicos), falseando a concorrência e desestabilizando a economia mundial. Este problema conduziu a

---

[62] Veja-se, por exemplo, US Patent and Trademark Office – "US. Patent Statistic, Calendars Years 1963-2006", http://www.uspto.gov/web/offices/ac/ido/oeip/taf/us_stat.pdf.

um interesse crescente pelo problema ainda antes do Tratado da OMC e do TRIPS.

Entre outras coisas, já o GATT previa, no seu artigo XX d), a possibilidade de os Estados tomarem medidas necessárias a assegurar o respeito pelas normas relacionadas com a protecção das patentes, marcas e direitos de autor. Como veremos adiante, o sistema OMC/TRIPS veio colocar a propriedade intelectual no centro do contrato social global de liberalização do comércio mundial. Mas antes disso, importa atentar brevemente nalguns desenvolvimentos paralelos ao OMC/TRIPS em matéria de protecção da propriedade intelectual, importantes para a valoração jurídico-internacional da figura das patentes "pipeline".

4.2. *NAFTA e patentes farmacêuticas*

O tratado NAFTA pretendeu reforçar a protecção da propriedade intelectual, em boa medida indo ao encontro das pretensões dos Estados Unidos e do Canadá. Para o México, isso significou a necessidade de adoptar nova legislação sobre propriedade intelectual e industrial, o que veio a acontecer com a *Ley de Fomento y Protecção de la Propriedade Industrial*, de 27 de junho de 1991, que entrou em vigor ainda antes da ratificação do Tratado NAFTA pelo México, em 1994[63].

Um dos aspectos do reforço da protecção das patentes exigida pelo tratado NAFTA consistiu na obrigatoriedade de garantir protecção jurídica às patentes "pipeline" de produtos farmacêuticos. O artigo 12.º da referida lei mexicana de 1991[64] veio considerar

---

[63] Veja-se, Pierre Moïse, Elizabeth Docteur, *Pharmaceutical Pricing and Reimbursement Policies in Mexico*, OCDE, Health Working Papers, 2007, p. 9 ss.

[64] De acordo com o artigo 12.º do diploma mexicano em apreço, "a vigência das patentes que forem outorgadas ao amparo deste artigo expirará na mesma data estabelecida no país onde houver sido depositado o primeiro pedido; em nenhum caso a vigência excederá 20 anos contados a partir da data de depósito do pedido de patente no México".

admissíveis os pedidos de "patente pipeline" para qualquer produto farmacêutico cuja patente tivesse sido registada em qualquer Estado signatário do *Patent Cooperation Treaty* antes de 1991. Isto, sob condição de as cópias desse produto não estarem já a ser produzidas ou importadas para o país por empresas sediadas no México[65].

A garantia de protecção jurídica às patentes "pipeline" teve como consequência o estabelecimento de um prazo de vigência para estas patentes, correspondente (isto é, com a mesma duração) ao prazo da patente estrangeira em que aquela se baseava. O objectivo da figura das patentes "pipeline" foi o de conceder protecção jurídica a patentes que não eram novas no México durante o prazo de vigência da patente no país de origem do produto[66]. Esta solução parece não ter sido especialmente controversa, embora tenha dado azo a complicações administrativas e a alguma litigância judicial, em virtude da confusão gerada em torno da identificação dos produtos farmacêuticos patenteados.

4.3. *SAFTA, FTAA e patentes farmacêuticas*

Uma das finalidades a prazo do MERCOSUL consiste na edificação de uma *South American Free Trade Area* (SAFTA). No que respeito à propriedade intelectual, os Estados do MERCOSUL adoptaram um regime de protecção mínima, a concretizar entre si com base em acordos multilaterais ou bilaterais, não obstante o MERCOSUL ter um protocolo de harmonização das normas de propriedade intelectual, estabelecendo níveis mínimos de protecção.

Estando todos os Estados membros do MERCOSUL vinculados ao Acordo TRIPS, pretende-se estabelecer regimes de protecção

---

[65] Convenção estabelecendo um procedimento unificado de protecção das patentes à escala mundial, celebrada em Washington, em 19 de junho de 1970, sucessivamente alterada.

[66] Hector Chagoya, Sergio De Alva, "Using Pipeline Patents to Project Pharmaceuticals – Managing Intellectual Property", *Supplement Issue*, 130, p. 36.

da propriedade intelectual totalmente conformes com este instrumento da OMC. O MERCOSUL deixa ao critério dos seus membros a adopção, ou não, de protecção de patentes "pipeline". Isto, como anteriormente se viu, diferentemente do que sucede na NAFTA, em que a protecção das patentes "pipeline" foi estabelecida como obrigatória. Ora, se no futuro vier a ser criada a SAFTA, como uma organização de comércio livre a nível de todo o continente americano, é possível que a mesma venha a incorporar o sistema da NAFTA, no sentido de uma maior protecção da propriedade intelectual[67]. Parece também que no projecto de criação da *Free Trade Area of the Americas* (FTAA) a decisão sobre a protecção das patentes "pipeline" ficará a cargo dos Estados membros[68].

4.4. *Protecção das Patentes no Contexto do Desenvolvimento Sustentável – o Acordo de Cotonu*

A protecção dos direitos de propriedade intelectual e industrial, nos termos acabados de referir, não constitui qualquer sobrevivência de políticas económica e socialmente agressivas por parte dos Estados mais desenvolvidos. O exemplo mais acabado da mudança de *ambiance* politica e social é o Acordo de Parceria entre os Estados de África, das Caraíbas e do Pacífico e a Comunidade Europeia e os seus Estados-Membros, assinado em Cotonu, em 23 de junho de 2000 (também conhecido por Acordo de Cotonu)[69].

Os Estados subscritores afirmam inequivocamente o empenho numa cooperação que permita alcançar os objectivos de erradicação

---

[67] Christopher Mayer, "The Brazilian Pharmaceutical Industry goes walking from Ipanema to Prosperity...", *cit.*, p. 391.

[68] Ver o artigo 1.º, sub-secção B.2.e da minuta do acordo da Área de Livre Comércio das Américas.

[69] O Acordo de Cotonu foi assinado em 23 de junho de 2000 em Cotonu, no Benim, por um período de 20 anos, e revisto pela primeira vez em 2005. Encontra-se publicado no *Jornal Oficial das Comunidades*, L 209 de 11.08.2005.

da pobreza, desenvolvimento sustentável e integração progressiva dos países em causa na economia mundial. Salientam-se como princípios fundamentais orientadores deste acordo o princípio da igualdade dos parceiros e da apropriação das estratégias de desenvolvimento, o princípio da participação de todos os estratos da sociedade, o princípio do diálogo e do respeito de compromissos mútuos e o princípio da diferenciação. Neste contexto definem-se as estratégias de desenvolvimento, as áreas de apoio ao desenvolvimento económico, o desenvolvimento social e humano (no qual se inclui a melhoria dos sistemas de saúde) e a cooperação económica e comercial.

Este enquadramento em torno de princípios e de estratégias rasgadamente progressistas permite localizar melhor o sentido das regras do "novo regime comercial" previsto no Acordo Internacional em referência: i) os novos convénios comerciais devem ser compatíveis com as regras da OMC (art. 36.º/1); ii) reconhece-se a necessidade de se assegurar um nível adequado e eficaz de protecção dos direitos de propriedade intelectual, industrial e comercial, bem como dos outros direitos abrangidos pelo Acordo TRIPS, (art. 46.º/1); iii) a expressão "propriedade intelectual" incluiu, em especial, "o direito de autor... as patentes, incluindo patentes relativas às invenções biotecnológicas e às obtenções vegetais (art. 46.º/5); iv) a cooperação pode ser alargada à elaboração de legislação e de regulamentação destinada a assegurar a protecção e o respeito pelos direitos de propriedade intelectual, prevenção do abuso desses direitos por parte dos seus titulares e da violação dos mesmos por outros concorrentes (art. 46.º/6).

É fácil de intuir que a abordagem material-contextual a que nos referimos no número anterior passa também por inserir o problema das patentes (e também das patentes pipeline) no contexto desta cooperação internacional. As patentes não são um "privilégio" de países ricos, mas sim uma dimensão incontornável do desenvolvimento sustentável de todos os países.

4.5. A OMC e o acordo TRIPS

O *Uruguai Round* foi uma de sucessivas rondas de negociações que aprofundaram o tratado GATT, de 1947, sobre pautas aduaneiras e comércio, tendo conduzido à criação da OMC. O GATT está na origem do que representa actualmente um dos ramos mais dinâmicos e sensíveis do direito internacional público contemporâneo[70], cujo objectivo seria pôr fim a todas as práticas discriminatórias restritivas do comércio internacional[71]. De facto, os seus objectivos, estabelecidos na Declaração de Punta del Este, de 20 de setembro de 1986, consistiam em aprofundar o processo liberalizador do comércio mundial em ordem à sua expansão, reforçar o papel do GATT tendo como pano de fundo o aperfeiçoamento do sistema comercial multilateral e aumentar a capacidade de adaptação do GATT à evolução económica internacional. Tratou-se de um importante avanço no que diz respeito à introdução da "*global governance*" no âmbito do comércio mundial[72].

Para além das alterações ao GATT, foram aprovados os tratados GATS, sobre prestações de serviços, e TRIPS, sobre protecção da propriedade intelectual. Este último tratado – construído sobre os princípios do GATT do tratamento nacional, do tratamento da nação mais favorecida e dos *standards* mínimos – procurou dar resposta a um problema crucial no contexto da globalização. O relevo económico e social, à escala global, desta problemática prende-se com o facto de os produtos com incorporação intensiva de informação, conhecimento e criação intelectual serem predominantemente produzidos nos países desenvolvidos e, em maior ou menor medida contrafeitos, sem sanções adequadas, nos Estados em vias de desen-

---

[70] John Jackson, *The World Trading System*, Cambridge, Mass., 1997, p. 25.

[71] David Palmeter, "The WTO as a Legal System", *Fordham International Law Journal*, 24, 2000, p. 453.

[72] Jónatas E.M. Machado, *Direito Internacional*, 3.ª ed., Coimbra, 2006, p. 469 ss.

volvimento, com enorme prejuízo, nomeadamente, para autores, inventores e editores[73]. Este problema já havia sido discutido em 1982, numa reunião ministerial no âmbito do GATT[74], mas somente com o TRIPS conheceu adequada reflexão.

Assim, e apesar de o sistema da OMC incorporar uma preocupação genuína com a situação económica e social dos países em vias de desenvolvimento[75], o Acordo TRIPS pretendeu reforçar a protecção jurídica da propriedade intelectual, de uma forma só aparentemente anti-competitiva e proteccionista. A sua intenção essencial era a garantia e o reforço da protecção da propriedade intelectual enquanto direito subjectivo fundamental. Daí a inclusão do TRIPS no sistema de resolução de litígios da OMC e a previsão de sanções e medidas de retaliação, o que constituiu um avanço muito significativo relativamente às Convenções de Paris e Berna[76].

Num certo sentido pode afirmar-se que o Acordo TRIPS estabelece um sistema de *restrições competitivas*, cujo objectivo último é a promoção da concorrência à escala global[77]. Isto, na convicção de que, embora os beneficiários imediatos desse reforço de protecção sejam os países desenvolvidos, a médio e longo prazo uma maior protecção da propriedade intelectual acabará por reverter em benefício dos Estados menos desenvolvidos. Assim é, na medida em que um forte sistema de protecção de patentes e outros direitos de propriedade intelectual e industrial favorece o investimento nacional e estrangeiro, directo e indirecto, uma vez que daí resulta uma diminuição substancial dos riscos desse investimento. Além disso, a pro-

---

[73] Jónatas E.M. Machado, *Direito Internacional...*, cit., p. 478 ss.

[74] Ministerial Declaration of November 29, 1982, GATT BISD, 29th Supp. 9, 19 (1983).

[75] Jónatas E.M. Machado, *Direito Internacional...*, cit., p. 488.

[76] Andreas F. Lowenfeld, *International Economic Law*, cit., p. 98 ss.

[77] Isto mesmo já era salientado há muito por autores, como Michael Lehmann, "The Theory of Property Rights and the Protection of Intellectual and Industrial Property", *Industrial Review of Industrial Property and Copyright Law*, 16, 1985, p. 525 ss; Christopher Mayer, "The Brazilian Pharmaceutical Industry goes walking from Ipanema to Prosperity...", *cit*, p. 393.

tecção da propriedade intelectual e industrial ajuda a estruturar uma ordem económica mundial baseada na confiança e na justiça material, dessa forma contribuindo para a estabilidade do comércio internacional[78].

É claro que os Estados mais desenvolvidos tiveram que abrir os seus mercados aos produtos dos Estados menos desenvolvidos, em sectores importantes como os têxteis ou produtos agrícolas[79]. Isso fazia parte do contrato social entre os vários Estados. O objectivo era alcançar um equilíbrio razoável de pretensões que, sendo mutuamente vantajoso, permitisse a estruturação do sistema económico mundial com base em princípios normativos justos, transparentes e sustentáveis.

Na negociação do Acordo TRIPS, os vários Estados negociadores tiveram que fazer uma avaliação dos respectivos custos e benefícios, procurando compensar as concessões em certos domínios com vantagens obtidas noutras áreas, e as perdas a curto e médio prazo com os ganhos esperados a longo prazo[80]. O mesmo constituiu uma peça fundamental na promoção do objectivo de liberalização do comércio mundial[81]. Excluída está qualquer tentativa unilateral de reequilíbrio dos interesses em presença, que pretenda alterar os níveis de protecção alcançados.

O Acordo TRIPS pretende universalizar níveis mínimos de protecção material, juntamente com determinados procedimentos. As tensões político-comerciais, o carácter controverso das questões envolvidas na protecção da propriedade intelectual e a existência, nestes domínios, de significativas divergências de entendimento

---

[78] Lawrence A. Kogan, "Brazil's IP Opportunism Threatens U.S. Private Property Rights", 38 *The University of Miami Inter-American Law Review*, 2006, p. 33.

[79] Andreas F. Lowenfeld, *International Economic Law*, cit., p. 106 ss.

[80] J. J. Gomes Canotilho, Paulo de Castro, "Do Efeito Directo do Artigo 33.º do Acordo TRIPS", cit., p. 788 ss.

[81] Hans Joachim Prieb, Georg. M. Barrisch, (eds.), *WTO – Handbuch*, München, 2003, p. 569 ss.

entre os Estados, têm marcado o Acordo TRIPS desde a sua negociação até à sua aplicação e revisão. Em face disso, o Acordo TRIPS optou por conceder ao poder legislativo dos Estados membros uma razoável margem de conformação. Dificilmente poderia ser de outro modo.

4.5.1. *Protecção de patentes farmacêuticas no TRIPS*

O objectivo fundamental do Acordo TRIPS não era propriamente inovar na matéria da protecção da propriedade intelectual, mas apenas reproduzir, no essencial, o regime consagrado na Convenção de Paris. No entanto, o Acordo TRIPS foi um pouco mais longe. A Convenção de Paris permitia que não fosse concedida protecção a patentes estrangeiras, desde que também não fosse concedida protecção às patentes nacionais[82]. Em causa estava a salvaguarda dos princípios da igualdade e reciprocidade nas relações entre Estados e do seu corolário da proibição de discriminação entre patentes nacionais e estrangeiras. Todavia, esta solução permitia a total desprotecção das patentes farmacêuticas, nacionais e estrangeiras, com benefício claro das indústrias copiadoras e prejuízo evidente para as indústrias inovadoras.

Uma das questões mais sensíveis e controvertidas do Acordo TRIPS reside no facto de o mesmo impor a obrigação de patenteabilidade de produtos alimentares e farmacêuticos, os quais se revestem da maior importância para a garantia dos direitos sociais aos cidadãos dos países menos desenvolvidos. Com efeito, o artigo 27.º do Acordo TRIPS, referindo-se aos objectos patenteáveis, determina que, sem prejuízo do disposto nas restrições previstas nos n.º 2 e 3, "podem ser obtidas patentes para quaisquer invenções, quer se trate de produtos ou processos, em todos os domínios da tecnologia, desde que essas invenções sejam novas, envolvam uma actividade inventiva e sejam susceptíveis de aplicação industrial". Este artigo

---

[82] Christopher Mayer, "The Brazilian Pharmaceutical Industry goes walking from Ipanema to Prosperity...", *cit.*, p. 382.

27.º do Acordo TRIPS encontra-se em sintonia com o regime jurídico do direito europeu e norte-americano.

Desta norma depreende-se, desde logo, que o Acordo TRIPS veio estabelecer a obrigação jurídica de os Estados membros da OMC protegerem as patentes concedidas em todos os domínios tecnológicos, sem qualquer discriminação.

Assim, como se disse, os produtos alimentares, químicos e farmacêuticos foram incluídos no âmbito de protecção da propriedade intelectual, sendo certo que países com indústrias farmacêuticas menos desenvolvidas (v.g. Argentina, Brasil, México) os excluíam da patenteabilidade, por razões de natureza política, social e económica, com incidência na formulação de políticas públicas. Durante muito tempo estes países socorreram-se da imitação e cópia de produtos originais como instrumento de introdução e difusão de novas tecnologias no seu território. Antes do Acordo TRIPS dispunham de vários mecanismos de flexibilização, que lhes permitiam equilibrar a protecção das patentes com a satisfação das necessidades públicas e a protecção de indústrias domésticas de cópia de medicamentos. Por exemplo, a Índia era um exemplo paradigmático, na medida em que usava e abusava das licenças compulsórias[83].

Ora, o Acordo TRIPS procurou estruturar o desenvolvimento científico e tecnológico a longo prazo, escorando-o na invenção e no investimento, por contraposição à imitação e produção de cópias baratas. Ainda assim, o Acordo TRIPS não deixa de conceder aos Estados uma margem razoável para acautelarem os seus interesses económicos e sociais mais prementes, nomeadamente no caso de ameaças graves à saúde pública[84]. Além disso, o TRIPS, nos seus artigos 66.º/2 e 67.º, cria deveres de colaboração dos Estados desenvolvidos com os menos desenvolvidos no domínio da transferência de tecnologia e da assistência técnica.

---

[83] Padmashree Gehl Sampath, Regulating Bioprospecting..., *cit.*, p. 42.

[84] Ken Shadlen, "Regional vs. Multilateral Strategies for Economic Integration: NAFTA in the Context of WTO", (http://www.mexico.ox.ac.uk/wp5.htm 26/10/2007).

Assim, o artigo 66.º/2 determina que "os países Membros desenvolvidos providenciarão incentivos para as empresas e instituições do seu território com vista a promover e incentivar a transferência de tecnologia para os países menos desenvolvidos, a fim de lhes permitir desenvolver uma base tecnológica sólida e viável." Além disso, nos termos do artigo 67.º, os países desenvolvidos devem "criar condições para uma cooperação técnica e financeira a favor dos países em desenvolvimento e menos desenvolvidos Membros, mediante pedido e em condições acordadas mutuamente".

Ainda segundo esse artigo 67.º, essa cooperação incluirá a "assistência a nível da elaboração das disposições legislativas e regulamentares em matéria de protecção e aplicação efectiva dos direitos de propriedade intelectual e de prevenção do seu abuso, bem como o apoio relativamente ao estabelecimento ou reforço de gabinetes e agências nacionais competentes nesta matéria, incluindo a formação de pessoal".

A área das patentes sobre medicamentos é, como se compreende, uma das mais controvertidas neste domínio, na medida em que os dilemas *medicamentos inovadores vs. cópias* e *patentes vs. pacientes* têm conseguido polarizar toda a discussão. Em causa está a questão sensível da redução dos preços dos medicamentos e da garantia de acesso aos mesmos pelos segmentos mais carenciados da população.

4.5.2. *Restrições à propriedade intelectual e direitos humanos*

O sistema do GATT/OMC e o Acordo TRIPS existem no contexto mais amplo do direito internacional em geral e do direito internacional dos direitos humanos em especial. A indissociabilidade das questões do comércio internacional dos temas centrais do direito internacional dos direitos humanos tem sido salientada nos últimos anos pela doutrina. Isso significa que as questões da propriedade intelectual não podem ser desligadas dos problemas políticos, económicos e sociais.

Embora não se pretenda abrir as portas a novas formas de proteccionismo e politização das questões comerciais, reconhece-se que a economia mundial deve ser colocada, tanto quanto possível, ao serviço dos Estados menos desenvolvidos e das suas populações, não podendo alhear-se, além do mais, de questões sociais prementes, como sejam, a protecção do ambiente, da saúde pública, etc.[85].

No caso específico das patentes sobre produtos farmacêuticos, desde cedo se entendeu que a interpretação e aplicação dos preceitos do Acordo TRIPS deveria ser feita tendo em conta objectivos essenciais de promoção da saúde pública e de garantia do acesso de todos os seres humanos aos medicamentos, com especial relevo para aquelas situações de grave necessidade, como sucede com a proliferação do vírus HIV ou de doenças como a tuberculose ou a malária[86]. Na verdade, Estados como o Brasil têm compreensivelmente procurado invocar a saúde pública como fundamento do defeito de protecção a conceder às patentes farmacêuticas[87].

No caso brasileiro, a saúde é entendida como "o direito do indivíduo e o dever do Estado de garantir, além da ausência de doenças, condições de vida que possibilitem o seu bem-estar"[88]. A Constituição Federal consagra este direito no artigo 196.°, dotando-o de uma estrutura positiva de natureza prestacional. A saúde pública não poderia razoavelmente ser preterida numa convenção internacional, como o Acordo TRIPS, com aspirações de *global governance*.

---

[85] Veja.se, em termos gerais, Jean O. Lanjouw, "Intellectual Property and the Availability of Pharmaceuticals in Poor Countries", Centre for Global Development, Working Paper N.° 5, http://ssrn.com/abstract=999982 (April 2002).

[86] Os modelos de política industrial assentes na cópia têm como consequência o facto de que os medicamentos introduzidos no mercado acabam por ser as cópias dos medicamentos concebidos para tratar as doenças dos países mais desenvolvidos, pondo em causa a investigação de medicamentos para as doenças tropicais.

[87] Sobre a noção de saúde pública, veja-se Emerson Elias Merhy, *A Saúde Pública como Politica: Um estudo de Formuladores de Politicas*, São Paulo Hucitec, 1992, p. 15.

[88] Mónica Steffen Guise, "Propriedade Intelectual...", *cit.*, p. 97.

Se dúvidas houvesse a este respeito, as mesmas foram definitivamente dissipadas com a *Doha Declaration on TRIPS and Public Health*[89], uma espécie de acordo interpretativo que recomenda a adopção uma lógica de ponderação de bens e de regimes flexíveis que, sem comprometerem o objecto e as finalidades do Acordo TRIPS, consigam uma adequada harmonização e concordância prática entre a protecção da propriedade intelectual (essencial ao desenvolvimento de novos medicamentos) e a defesa da saúde pública, nomeadamente através da garantia do acesso universal aos medicamentos, com especial atenção para ameaças para a saúde pública que configurem situações de emergência nacional e de extrema urgência.

No fundo, está-se perante o acolhimento de uma *teoria das restrições* aos direitos de propriedade intelectual e das *restrições às restrições*, que, visando a protecção de bens jurídicos fundamentais de uma dada comunidade, só admitem restrições aos direitos de propriedade intelectual desde que as mesmas se afigurem razoavelmente adequadas, necessárias e proporcionais aos fins prosseguidos, devidamente fundamentadas e interpretadas restritivamente, não podendo pôr em causa dimensões essenciais dos direitos de propriedade intelectual. O Acordo TRIPS, apesar de admitir restrições aos direitos de propriedade intelectual tendo como fundamento indicações económicas e sociais, hoje em boa medida submetidas à protecção do direito internacional dos direitos humanos, é bem claro numa questão fundamental: a protecção da propriedade intelectual é a regra e a restrição à protecção é a excepção.

De resto, o próprio Acordo TRIPS, e independentemente da Declaração de Doha, estabelece a possibilidade de medidas restritivas à protecção da propriedade intelectual, sempre que esteja em causa a salvaguarda de bens fundamentais da comunidade, como sejam a saúde pública, a nutrição, a ordem pública ou o ambiente.

---

[89] Adoptada em 14 de novembro de 2001, WT/MIN(01)/DEC/2, 20 November 2001; James Thuo Gathii, "The Doha Declaration on Trips and Public Health Under the Vienna Convention of the Law of Treaties", *Harvard Journal of Law and Technology*, 15, 2002.

Essas restrições devem ser entendidas à luz da anteriormente apontada teoria das restrições aos direitos de propriedade intelectual. Com efeito, o artigo 8.º do Acordo TRIPS dispõe que "[o]s Membros, ao formular ou emendar suas leis e regulamentos, podem adotar medidas necessárias para proteger a saúde e nutrição públicas e para promover o interesse público em setores de importância vital para seu desenvolvimento sócio-econômico e tecnológico, desde que estas medidas sejam compatíveis com o disposto neste Acordo."

Por sua vez, o artigo 27.º/2 do Acordo TRIPS determina que "[o]s Membros podem considerar como não patenteáveis invenções cuja exploração em seu território seja necessário evitar para proteger a ordem pública ou a moralidade, inclusive para proteger a vida ou a saúde humana, animal ou vegetal ou para evitar sérios prejuízos ao meio ambiente, desde que esta determinação não seja feita apenas por que a exploração é proibida por sua legislação."

Este inciso é da maior importância do ponto de vista da acomodação da protecção da propriedade intelectual com outros bens jurídicos fundamentais. Quando um Estado recusa a patenteabilidade de uma determinada invenção, isso significa que a mesma também não pode ser explorada comercialmente, seja por via directa, seja de forma indirecta. Qualquer tentativa de contornar o quadro normativo pertinente através da produção e difusão não comercial de uma invenção não patenteável teria que ser demonstravelmente compatibilizada com a protecção dos valores que fundamentaram a recusa de patente[90].

Igualmente relevante, neste contexto, é o artigo 30.º do Acordo TRIPS, também ele relacionado com as restrições aos direitos de propriedade intelectual. De acordo com este artigo, que tem como epígrafe as excepções aos direitos concedidos, "[o]s Membros poderão conceder excepções limitadas aos direitos exclusivos conferidos pela patente, desde que elas não conflitem de forma não razoável com sua exploração normal e não prejudiquem de forma não razoá-

---

[90] Christopher Mayer, "The Brazilian Pharmaceutical Industry goes walking from Ipanema to Prosperity...", *cit.*

vel os interesses legítimos de seu titular, levando em conta os interesses legítimos de terceiros."

Este artigo faz uma referência expressa à necessidade de uma ponderação razoável e proporcional dos bens jurídicos em conflito, que não comprometa dimensões essenciais da protecção da propriedade intelectual. Fica ao critério de cada Estado decidir quais as excepções permitidas pelo Acordo TRIPS que vai incluir na sua legislação interna. As mesmas constituiriam uma violação de uma patente, se não fossem expressamente configuradas pela lei como uma excepção.

As excepções mais frequentes relacionam-se com a protecção da saúde pública, entre as quais se contam a excepção aplicada à experimentação e investigação (autorizando a experimentação de um produto durante a vigência da patente), a excepção bolar (permitindo a solicitação de autorização da comercialização de um medicamento antes que expire a patente para poder colocar o produto no mercado no dia em que a patente expire) e a relacionada com o esgotamento internacional de direitos (que considera que as faculdades dos titulares das patentes se extinguem quando o produto seja comercializado noutro país ou região, tornando possível a importação paralela ao melhor preço do mercado mundial, mesmo sem autorização do titular da patente)[91].

O mesmo se passa com o artigo 31.º do Acordo TRIPS, respeitante a outros usos sem autorização do titular, disposição onde se encontra disciplinada a atribuição de *licenças compulsórias*[92], tantas vezes utilizadas abusivamente para iludir as exigências da protecção da propriedade intelectual. Uma diferença essencial entre o artigo 30.º e o 31.º do Acordo TRIPS prende-se com o facto de que neste último artigo a autorização é dada caso a caso, por um autoridade administrativa ou jurisdicional, ao passo que o primeiro se basta com uma autorização geral, formulada por via legal.

---

[91] Pascale Boulet, Rachel Cohen, "Pacientes frente a Ganancias...", *cit.*, p. 1093.

[92] Já na Convenção de Paris se faz referência a esta figura jurídica.

A possibilidade de atribuição destas licenças surge, assim, fortemente condicionada, sem prejuízo da margem de manobra reconhecida ao legislador nacional. Assim é, na medida em as licenças compulsórias não deixam de ter um efeito expropriatório sobre os direitos dos titulares das patentes[93]. Elas representam um limite ao direito de propriedade intelectual, sendo por isso mesmo também sujeitas a limites. A sua atribuição é limitada por princípios como, entre outros: 1) mérito individual do destinatário da licença compulsória; 2) preferência pelo uso autorizado em condições comerciais razoáveis; 3) prioridade da protecção em situações de emergência nacional ou extrema urgência; 4) limitação temporal; 5) não exclusividade; 6) não transmissibilidade; 7) satisfação prioritária das necessidades nacionais; 8) remuneração do titular; 9) justiciabilidade, etc.

Como se vê, também o carácter excepcional desta restrição vem reforçar a regra segundo a qual a protecção dos direitos de propriedade intelectual deve ser entendida de forma ampla. Isto significa que embora o Acordo TRIPS admita restrições à protecção da propriedade intelectual, nomeadamente para protecção de direitos humanos em situações de grave crise nacional, também essas restrições devem ser razoáveis e proporcionais às finalidades legitimamente prosseguidas, bem como interpretadas e aplicadas restritivamente e objecto de uma fundamentação convincente[94].

---

[93] C. O. Mitelman, *Cuestiones de Derecho Industrial*, Buenos Aires, AD-HOC, 1999, p. 216.

[94] É neste contexto que se deve entender a posição daqueles, como Marcos Levy; Otto Licks, "O requisito de fabricação completa do objeto de uma patente no território nacional – Art. 68, §1°, da Lei 9.279/96.", in Claudia Lima Marques; Nadia de Araujo (Org.), *O Novo Direito Internacional* – Estudos em Homenagem a Erik Jayme, Rio de Janeiro, Renovar, 2005, p. 345-365, que entendem que: "Diante de tantas opiniões isentas e abalizadas, a tese de que a legislação de um país-membro da OMC pode conter um requisito de fabricação completa do objeto de uma patente em território nacional, sob pena de concessão de uma licença compulsória, obviamente viola os compromissos assumidos, de forma isenta e soberada, com a comunidade internacional."

Este aspecto é especialmente importante, na medida em que importa evitar que a mera alegação oportunista de crise ou emergência nacional pelos governos dos Estados em vias de desenvolvimento possa servir para justificar a violação, sem critério e sem limites, dos direitos de propriedade intelectual, à margem das exigências de legalidade, responsabilidade, rigor e transparência que decorrem da "*good governance*".

Acresce que a diminuição das tarifas de importação de medicamentos também pode ser uma alternativa viável para dar solução a situações de crise nacional, não violadora dos direitos de propriedade intelectual[95]. Em todo o caso, as licenças compulsórias não são vistas como uma forma de pirataria, um roubo de propriedade intelectual ou um vazio legal, constituindo, ao invés, um instrumento regulatório legítimo, do qual em muitos países industrializados se lança mão em situações de necessidade.

Refira-se apenas que, na sequência da Declaração de Doha sobre o Acordo TRIPS e a saúde pública, o Conselho Geral da OMC decidiu propor uma emenda permanente ao Acordo TRIPS, em 6 de dezembro de 2005, que se pretendia que entrasse em vigor em 1 de dezembro de 2007 se aprovada por 2/3 dos membros. Entre outras coisas, esta emenda permite que os produtos produzidos sob licença compulsória possam ser exportados por países sem capacidade para os produzir. Estão igualmente previstas normas tendentes a evitar a dupla remuneração dos titulares das patentes, por exportadores e importadores.

Nesta decisão não existe qualquer evidência de que o recurso às patentes "pipeline" mereça algum reparo à luz da letra e do espírito do Acordo TRIPS e do objectivo de facilitar o acesso a medicamentos por parte dos países de desenvolvimento. Uma coisa é certa. No

---

[95] Em bom rigor, parece existirem outras maneiras de reduzir custos, como sejam a aquisição de medicamentos de marca, com o mesmo fim terapêutico mas mais baratos do que os genéricos, como sugerem Jean-Pierre Gomes, Pedro Pita Barros, "Genéricos – Condicionantes do Mercado", *Economia Pura*, Ano III, n. 25, junho 2000, p. 30.

contexto pós-Acordo TRIPS, em que a protecção das patentes farmacêuticas se repercute no preço dos medicamentos, a promoção da saúde pública tem que ser realizada mediante políticas públicas que envolvam, nomeadamente, acções como o incentivo da adopção de comportamentos menos prejudiciais à saúde, a prevenção das doenças, a diversificação e ampliação de serviços de assistência, a higiene e a nutrição, a protecção do ambiente e da qualidade de vida, o aumento da concorrência no mercado do medicamento, etc.[96]

4.6. Os tratados internacionais e o direito brasileiro

Importa averiguar, sumariamente, como se exerce *o treaty making power* no Brasil e considerar a posição que as convenções internacionais assumem na sua relação com o direito brasileiro. A Constituição brasileira de 1988, no seu artigo 84.°/8 concede exclusivamente ao Presidente da República poder para celebrar tratados internacionais. A este compete remeter em seguida o tratado para o Congresso Nacional, cabendo a este órgão decidir definitivamente quanto à aprovação do tratado. Uma vez aprovado, o tratado é devolvido ao Chefe do Executivo para ratificação e expedição de um decreto executivo de promulgação, entrando o tratado em vigor à data da respectiva publicação. O sistema brasileiro de vinculação internacional do Estado parece reflectir uma perspectiva dualista moderada acerca das relações entre o direito internacional e o direito interno[97].

---

[96] Sobre as orientações do Ministério da Saúde brasileiro em matéria de saúde pública, Mônica Steffen Guise, "Propriedade Intelectual...", *cit.*, p. 109. No Brasil, a introdução de medicamentos genéricos foi disciplinada pela Lei n.° 9.787/99, de 10-2, onde se estabeleceu como prioridade a aquisição deste tipo de medicamentos.

[97] Sobre a contraposição entre monismo e dualismo, entre outros, John O'Brien, *International Law*, London, 2001, p. 108 ss.; Terence Daintith, "Is International Law the Enemy of National Democracy?", in Thomas VanDamme, Jan-Herman Reestman (eds.), *Ambiguity in the Rule of Law*, Europa Law Publishing,

Na sua vigência, o tratado internacional assume uma posição infra-constitucional, colocando-se no mesmo patamar hierárquico--normativo das leis ordinárias. Assim tem sido entendido pelo Supremo Tribunal Federal brasileiro[98]. Por outras palavras, o tratado internacional não tem um valor supra-legal, nada impedindo, na teoria e na prática, a sua suspensão, revogação, derrogação e alteração através de um acto legislativo.

Leis ordinárias e tratados internacionais encontram-se, no direito brasileiro, numa posição de equivalência normativa ou paralelismo de formas. Isto evidentemente, sem prejuízo da responsabilidade internacional que daí possa resultar. Não obstante, a Emenda Constitucional n.º 45, de 8 de Dezembro de 2004, veio determinar que as convenções internacionais relativas a direitos humanos, desde que aprovadas por 3/5 dos votos dos membros do Congresso Nacional, assumem uma posição hierárquico-normativa correspondente à emenda constitucional.

Ainda que os tratados tenham valor infra-constitucional e, em muitos casos, um valor equivalente ao de uma lei ordinária, o certo é que, uma vez celebrado o tratado, o Estado fica vinculado no plano internacional, podendo o incumprimento do tratado ser apreciado por um tribunal internacional e conduzir a consequências jurídicas reguladas pelo direito internacional.

Groningen, 2001, p. 115 ss. Uma aplicação à realidade brasileira e ao Acordo TRIPS, pode encontrar-se em Nadia de Araujo, "A Internacionalização dos Tratados Internacionais no Direito Brasileiro e o caso dos TRIPS", *Revista da ABPI*, n.º 62, jan/fev 2003, p. 3 ss.

[98] Veja-se, por exemplo, BRASIL. Supremo Tribunal Federal. RE 249.970--RS. Recorrente: Banco Bradesco S/A. Recorrido: José Luiz Rechini Greco. Relator: Min. Celso de Mello. Brasília, 04 de agosto de 1999. *D.J.U.* 27 de agosto de 1999, p. 89; BRASIL. Supremo Tribunal Federal. RE 249.970-RS. Recorrente: Belmiro da Silveira Goes. Recorrido: Sebastião Leite Trindade. Relator: Min. Xavier de Albuquerque. Brasília, 01 de junho de 1977. *D.J.U.* 29 de dezembro de 1977, p. 9433. *Lex: R.T.J.*, vol. 83, p. 809, março 1978.

4.7. *O TRIPS e o direito brasileiro*

O Brasil aprovou e promulgou o sistema OMC, incluindo o Acordo TRIPS, em 1994[99]. Os decretos legislativos que incorporaram o Acordo TRIPS na ordem jurídica brasileira entraram em vigor na data da sua publicação. A partir de 1 de Janeiro de 1995 o Brasil passou a estar vinculado pelas obrigações internacionais constantes do mesmo.

Como vimos anteriormente, o Acordo TRIPS, no seu artigo 65.°, concede prazos de transição para os países menos desenvolvimentos, com especial relevo para os casos em que se trate de conceder protecção de patentes a produtos que à data do acordo não gozavam de protecção interna. No caso brasileiro, e dado que o Brasil não admitia a patenteabilidade dos produtos farmacêuticos e alimentares, isso implicava, na teoria, a possibilidade de concessão de um prazo de transição de dez anos.

No entanto, considerando que o Brasil não assinalou a sua intenção de fazer uso dos prazos de transição constantes do artigo 65.°, a jurisprudência brasileira tem entendido que o Brasil incorporou o Acordo TRIPS no ordenamento interno a 1 de Janeiro de 1995[100]. Uma vez incorporado na ordem jurídica interna, o

---

[99] Decreto Legislativo n.° 30, de 15 de dezembro de 1994 e Decreto n.° 1355 de 30 de dezembro de 1994. A este propósito, a doutrina brasileira tem sustentado, que "[o] TRIPS, endereçando-se também aos súditos do Estado brasileiro, impondo-nos direitos ou atribuindo deveres, possui incondicionalmente todos os elementos para sua exeqüibilidade interna. É esta característica única dos tratados-leis que foi incorporada com plena eficácia ao sistema jurídico brasileiro em 1.1.95 pelo Decreto n° 1.355, de 30.12.94". Assim, Gustavo Starling Leonardos, "Dos prazos de validade das patentes em vista do acordo "TRIPs" e da nova Lei de Propriedade Industrial (Lei 9.279/96)", *Revista Forense*, Rio de Janeiro, vol. 345, jan./mar. 1999, p. 61.

[100] BRASIL. Superior Tribunal de Justiça. Esp 423.240-RJ. Recorrente Instituto Nacional da Propriedade Industrial – INPI. Recorrida: Gambro AB. Relator: Min. Fernando Gonçalves. Brasília, 02 de março de 2004. *D.J.U.* 15 de março de 2004, p. 274; BRASIL. Superior Tribunal de Justiça. REsp 661.536-RJ. Recorrente: Instituto Nacional da Propriedade Industrial – INPI. Recorrida: Zeneca

Acordo TRIPS revoga a legislação ordinária que com ele seja incompatível.

Em todo o caso, o Acordo TRIPS concede uma margem razoável de discricionariedade aos Estados, permitindo-lhes compatibilizar as finalidades previstas no tratado com as realidades locais e as finalidades de política pública.

Naquelas matérias sobre as quais o Acordo TRIPS não se pronuncia, deve entender-se que o legislador brasileiro tem uma margem de conformação positiva. Essa margem de discricionariedade foi exercida mediante a aprovação de uma nova lei de propriedade industrial posterior ao Decreto 1. 355/94, a Lei n.° 9.279/96. Esta lei acabou por incorporar e concretizar as obrigações constantes do Acordo TRIPS, prescindindo do regime transitório do seu artigo 65.°.

Limited. Relator: Min. Carlos Alberto Menezes Direito. Brasília, 07 de abril de 2005. *D.J.U.* 30 de maio de 2005, p. 375.

PARTE II
A questão da constitucionalidade

5. A QUESTÃO DA CONSTITUCIONALIDADE DAS PATENTES "PIPELINE"

5.1. *A Lei da propriedade industrial de 1996*

5.1.1. *Um novo paradigma regulatório*

Em 1996 foi promulgada no Brasil a Lei n.° 9.279/96, sobre propriedade industrial[101]. Recorde-se que o Brasil havia abolido, em 1945, através do Decreto-lei n.° 7.903, de 27 de agosto de 1945, a protecção das patentes para produtos farmacêuticos, na convicção de que isso seria benéfico, a prazo, para o desenvolvimento de uma indústria farmacêutica doméstica.

Como se isso não bastasse, em 1969, através do Decreto-Lei n.° 1005, de 21-10, foi igualmente proibido o registo de patentes sobre processos de fabrico de produtos farmacêuticos. O objectivo desta proibição era exactamente o mesmo: promover a emergência e consolidação de uma indústria farmacêutica nacional, assente na investigação e desenvolvimento[102]. Esta orientação assentava no pressuposto teórico segundo o qual uma robusta protecção jurídica das patentes seria prejudicial a um país como o Brasil, essencialmente importador de tecnologias e *"Know How"*, pelo que se considerava que uma tal protecção das patentes obrigaria à deslocalização

---

[101] Ivan Ahlert, "New Brazilian Industrial Property Law", *International Review of Industrial Property Law*, Vol. 28, N.° 5, 1997, p. 632-671.

[102] Chamando a atenção para estes aspectos, Christopher Mayer, "The Brazilian Pharmaceutical Industry goes walking from Ipanema to Prosperity...", *cit.*, p. 379.

de fábricas de produtos copiados, com sérios riscos para o emprego e para os consumidores, que veriam os produtos farmacêuticos aumentar de preço[103].

Todavia, o Brasil acabou por confirmar que "as limitações artificialmente impostas na recuperação de investimentos na pesquisa de fármacos, não trazem benefício para os consumidores (…) pondo em risco o desenvolvimento de novos remédios para a população"[104]. Na verdade, o efeito obtido na sequência das legislações de 1945 e 1969 foi precisamente o inverso do efeito pretendido. Isto é, em vez da consolidação de uma indústria farmacêutica forte e inovadora, assistiu-se ao surgimento de uma indústria baseada na importação de pirataria e na de cópias de produtos cujas patentes já tinham expirado, tendo como consequência a estagnação da investigação científica e do desenvolvimento tecnológico. Isto, evidentemente, com sérios prejuízos na própria formação dos recursos humanos, só possível através de um forte investimento em investigação e desenvolvimento.

Do mesmo modo, assiste-se ao risco de deslocalização das empresas brasileiras produtoras de medicamentos de referência para Estados que concedam uma maior medida de protecção dos direitos de propriedade intelectual e industrial aumentam substancialmente[105]. O relevo no mercado da indústria farmacêutica brasileira não aumentou como se esperava. A própria reputação do Brasil foi internacio-

---

[103] Carlos Alberto Primo Braga, "The Economics of Intellectual Property Rights and GATT: A View from the South", *Vanderbilt Journal of Transnational Law*, 22, 1989, p. 138 ss.

[104] Nestes termos, M. J. Aldeman, S. Baldias, "Prospects and Limits of the Patent Provisions in the TRIPS Agreement", *Vanderbilt Journal of Transnational Law*, 29, 1996, p. 507.

[105] Lawrence A. Kogan, "Brazil's IP Opportunism…", *cit.*, p. 23, chamando a atenção para a realidade europeia, em que uma deficiente protecção da propriedade intelectual e industrial resultou na deslocalização dos centros de investigação e desenvolvimento de empresas farmacêuticas de medicamentos de referência para os Estados Unidos, dando origem a um fenómeno de fuga de cérebros ("*brain drain*").

nalmente afectada, na medida em que este era frequentemente representado como um "*free rider*" que, através da cópia barata de medicamentos, procurava tirar benefícios ilegítimos à custa do esforço científico e do investimento económico de outros, assim causando sérios prejuízos económicos à respectiva posição de mercado[106].

Cumulativamente, o Brasil sofreu retaliações económicas por parte dos Estados Unidos[107], como sejam a introdução de tarifas de 100% *ad valorem* para uma multiplicidade de produtos, entre eles o aço e o calçado[108], as quais só viriam a ser levantadas em 1994, na sequência de alterações ao regime da propriedade intelectual no Brasil, por altura da celebração dos acordos OMC/TRIPS[109]. Tais retaliações, embora nem sempre de legalidade inatacável, são mais facilmente compreensíveis se se considerar o relevo do mercado farmacêutico brasileiro no contexto mundial e o seu significado económico para os laboratórios de referência[110].

---

[106] Daniela Vanila Benetti, "Protecção às Patentes de Medicamentos...", *cit.*, p. 347. O chamado "*free rider problem*" no domínio da propriedade intelectual é tratado, nomeadamente, na obra Michael Trebilcok, Robert Howse, *The Regulation of International Trade*, London, 2001.

[107] Segundo Maria Helena Tachinardi (*A Guerra das Patentes*, Rio de Janeiro, 1993, p. 114) entre 1976 e 1986 o prejuízo sofrido pelos Estados Unidos com a cópia brasileira de invenções americanas foi estimado em 160 milhões de dólares.

[108] As sanções foram aplicadas ao abrigo do *Super-301 US Trade Act*.

[109] Christopher Mayer, "The Brazilian Pharmaceutical Industry goes walking from Ipanema to Prosperity...", *cit.*, p. 379. Os Estados Unidos desde cedo procuraram garantir a observância dos direitos de propriedade intelectual dos seus cidadãos através da celebração de acordos internacionais bilaterais. Em 1984 os mesmos aprovaram a Lei de Comércio e Tarifas, a qual vinculava a aplicação do sistema geral de preferências à observância dos direitos de propriedade intelectual. Em 1988, a Lei de Comércio e Competitividade foi mais longe, tendo autorizado o representante comercial dos Estados Unidos a investigar os países cujas condutas lesassem os seus interesses económicos e a ameaçá-los de sanções. Milene Dantas Cavalcante, "Patentes de medicamentos e as politicas de desenvolvimento...", *cit.*, p. 384 ss.

[110] Clémerson Merlin Cléve, Melina Brekenfeld Reck, "A repercussão, no regime da patente de pipeline, da declaração de nulidade do privilegio originário", Revista da ABPI, São Paulo: Premio Editorial, n. 66, set/out. 2003, p. 14.

A adopção deste novo regime jurídico, constante do Decreto n.º 1.355/94 e da Lei n.º 9.279/96, representou uma viragem paradigmática no direito da propriedade industrial brasileiro. Para além de se adequar o quadro normativo ao espírito do legislador constituinte brasileiro de 1988, orientado para promoção do desenvolvimento tecnológico e científico, a mesma representou uma adaptação do Brasil às novas perspectivas sobre a liberalização do comércio internacional desenvolvidas durante os anos 80 e 90, que conheceram um momento crucial com o colapso dos modelos de economia planificada.

Com esta lei, o Brasil passou da segunda para a terceira fase de desenvolvimento tecnológico, de acordo com o modelo referido no início deste estudo. A *teoria do desenvolvimento* tende hoje a sustentar que o reforço da protecção dos direitos de propriedade, e em particular da propriedade intelectual e industrial, é um importante factor de desenvolvimento económico, social e científico-cultural. É com este sentido que deve interpretado o artigo 5.º XXIX da Constituição Federal de 1988, quando fala na protecção legal de inventos industriais, tendo em vista o interesse social e o desenvolvimento tecnológico e económico do país. O reforço da protecção da propriedade industrial é aqui visto como um meio para atingir o fim do desenvolvimento social e económico e não como um obstáculo à sua realização. Isto contra o que era defendido por uma teoria do desenvolvimento sustentado, dos anos 70 do século XX, assente no proteccionismo[111] e marcadamente hostil à ordem económica construída a partir de Bretton Woods e à sua ênfase nos direitos de propriedade, na liberalização do mercado e na globalização da economia[112].

Na verdade, a tendência hoje vai no sentido de recuperar a noção de que um esquema forte de protecção dos direitos de propriedade intelectual pode constituir um importante motor do desen-

---

[111] Lawrence Ziring et al., *The United Nations: International Organization and World Politics*, Wadsworth Publ'g (3d ed.), 1999, p. 52.

[112] Lawrence A. Kogan, "Brazil's IP Opportunism...", *cit.*, p. 10 e 11.

volvimento económico e do progresso social[113]. A aplicação consistente da nova lei é essencial para impedir uma regressão para estágios menos avançados de desenvolvimento. Subjacente ao novo regime está um novo entendimento, segundo o qual, embora uma protecção robusta das patentes possa infligir alguns danos a curto prazo à indústria dos produtos copiados, a mesma cria condições de desenvolvimento sustentado da indústria farmacêutica a longo prazo, na medida em que estrutura e aperfeiçoa o mercado dos produtos farmacêuticos, atrai investimento estrangeiro e promove a transferência de tecnologia farmacêutica, diversifica os medicamentos originais disponíveis no mercado interno e incrementa a investigação e o desenvolvimento por parte de empresas nacionais[114].

O Decreto n.° 2.553/98[115] reafirma a vontade do legislador brasileiro de conferir uma adequada protecção às patentes, estimulando dessa maneira a inventividade e o engenho dos brasileiros. O Brasil é um país rico em espírito empreendedor, em desenvolvimento científico e tecnológico e em recursos naturais, mas entre os seus aspectos mais vulneráveis contam-se um défice de capital humano no plano educacional e a ausência de uma estrutura normativa que

---

[113] Na verdade a ideia não é nova, pois já tinha sido essa a observação feita por Alexis de Tocqueville, *Democracy in America* (1840), Harvey C. Mansfield & Delba Winthrop eds., Univ. of Chi. Press, 2000, p. 610, 611. Nas palavras deste clássico autor francês, que no século XIX comparou o sistema Americano com a realidade europeia, "There is no country in the world where the sentiment for property shows itself more active and more restive than in the United States, and where the majority evinces less inclination to doctrines that threaten to alter the constitution of goods in any manner whatsoever."

[114] Christopher Mayer, "The Brazilian Pharmaceutical Industry goes walking from Ipanema to Prosperity...", *cit.*, p. 394.

[115] O artigo 3.° desde diploma estabelece que "[a]o servidor da Administração Pública direta, indireta e fundacional, que desenvolver invenção, aperfeiçoamento ou modelo de utilidade e desenho industrial, será assegurada, a título de incentivo, durante toda a vigência da patente ou do registro, premiação de parcela do valor das vantagens auferidas pelo órgão ou entidade com a exploração da patente ou do registro".

incentive e proteja devidamente o investimento, a investigação e o desenvolvimento[116].

As últimas décadas da teoria do desenvolvimento têm sublinhado o papel que o Estado de direito democrático e os direitos fundamentais por si garantidos – entre os quais os direitos de propriedade intelectual e industrial – podem desempenhar na criação de riqueza e numa gestão justa, pacífica e sustentada dos recursos[117].

5.1.2. Disciplina jurídica das patentes "pipeline"

Ao mesmo tempo que incorporava este novo paradigma regulatório, a Lei n.º 9.279/96 pretendeu incrementar a disciplina jurídica prevista no Acordo TRIPS[118], (Decreto 1.355/94) com especial relevo para o respectivo artigo 27.º, que, como anteriormente se viu, previa a protecção das patentes dos produtos farmacêuticos[119]. Nos

---

[116] Lawrence A. Kogan, "Brazil's IP Opportunism...", *cit.*, p. 1 ss. e 5.

[117] Richard N. Cooper, "Considerations for the Future of the World Economy", *The International System After the Collapse of the East-West World Order*, (eds. A. Clesse, R. Cooper, Yoshikazu, Sakamoto), Dordrecht, 1994, p. 237 ss.; Joseph T. Siegle, Michael M. Weinstein, Morton H. Halperin, "Why Democracies Excel", *Foreign Affairs*, September/October, 2004, p. 57 ss.; Lawrence A. Kogan, "Brazil's IP Opportunism...", *cit.*, p. 13.

[118] O Acordo TRIPS, Anexo 1C do Tratado de Marrakesh, foi ratificado pelo Brasil através do Decreto n.º 1.355, de 30 de dezembro de 1994, que incorporou a Acta Final da Ronda do Uruguai das Negociações Comerciais Multilaterais do GATT. Sobre a vigência do TRIPS no Brasil, Jacob Dolinger, "Acordo sobre os aspectos dos direitos de propriedade intelectual relacionados ao comércio – TRIPS – Patente de Invenção – Aplicabilidade do acordo no Brasil", *Revista Forense*, abr./maio, 98, p. 235, sustentou: "Assim sendo, entendo que o Acordo TRIPS vige e se aplica no Brasil desde 1.º de janeiro de 1995, pelo que, com fundamento no seu art 70.2 e de conformidade com seu art. 33, as patentes em vigor à data referida tiveram seus prazos de validade prorrogados para até 20 anos a partir da data do respectivo requerimento".

[119] Seguiram-se outras iniciativas legislativas, como o Decreto n.º 3.201/ /99, sobre a concessão, de ofício, das licenças compulsórias nos casos de emergência nacional e de interesse público, de que trata o artigo 71.º da Lei n.º 9.279/

termos dos artigos 31.º, §1 e 26.º da Convenção de Viena sobre Direitos dos Tratados, de 1969, o Acordo TRIPS deve (deveria) ser interpretado e executado de boa fé.

O TRIPS exige dos Estados a criação de uma base legislativa sólida e transparente para a respectiva execução[120]. O referindo instrumento legislativo de 1996 previa um prazo de um ano de transição para preparar a sua entrada em vigor, com excepção das disposições respeitantes às patentes "pipeline", constantes dos artigos 230.º, 231.º, 232.º e 239.º, aos quais foi conferida aplicabilidade imediata.

Uma das soluções introduzidas pelo artigo 230.º da Lei n.º 9.279//96 dizia respeito à concessão de protecção legal a produtos medicamentosos e alimentares, cujos pedidos tivessem sido apresentados no estrangeiro antes de 14 de maio de 1996, sem poderem beneficiar da prioridade da Convenção de Paris (artigo 16.º da Lei 9.279/96), na condição de os mesmos não terem sido colocados no mercado[121]. O referido artigo introduziu, desse modo, a protecção legal para as *patentes "pipeline"*.

/96. Em 14 de Fevereiro de 2001, a Medida Provisória n.º 2.105-15 foi convertida na Lei n.º 10.196, alterando e complementando a Lei de Propriedade Industrial.

[120] Veja-se a referida decisão do painel do Órgão de Resolução de Litígios da OMC, no caso envolvendo os Estados Unidos e a Índia, OMC,WT/DS50/R.

[121] Igualmente relevante é o artigo 231.º do mesmo diploma, nos termos do qual "[p]oderá ser depositado pedido de patente relativo às matérias de que trata o artigo anterior, por nacional ou pessoa domiciliada no País, ficando assegurada a data de divulgação do invento, desde que seu objeto não tenha sido colocado em qualquer mercado, por iniciativa direta do titular ou por terceiro com seu consentimento, nem tenham sido realizados, por terceiros, no País, sérios e efetivos preparativos para a exploração do objecto do pedido. § 1.º O depósito deverá ser feito dentro do prazo de 1 (um) ano contado da publicação desta Lei. § 2.º O pedido de patente depositado com base neste artigo será processado nos termos desta Lei. § 3.º Fica assegurado à patente concedida com base neste artigo o prazo remanescente de proteção de 20 (vinte) anos contado da data da divulgação do invento, a partir do depósito no Brasil. § 4.º O depositante que tiver pedido de patente em andamento, relativo às matérias de que trata o artigo anterior, poderá apresentar novo pedido, no prazo e condições estabelecidos neste artigo, juntando prova de desistência do pedido em andamento".

Este tipo de patentes constituía apenas uma categoria entre outras inovações nesta matéria, como é o caso das patentes de "mail box" (artigo 229.º § único) e do certificado de adição de invenções (artigo 76.º). As outras patentes previstas na lei, como as patentes de invenção ou patentes regulares (artigo 8.º) e as patentes de modelo de utilidade (artigo 9.º), já constavam da lei de 1971.

Com efeito, o referido artigo 230.º veio admitir o depósito do pedido de patente "relativo às substâncias, matérias ou produtos obtidos por meios ou processos químicos e as substâncias, matérias, misturas ou produtos alimentícios, químico-farmacêuticos e medicamentos de qualquer espécie, bem como os respectivos processos de obtenção ou modificação, por quem tenha protecção garantida em tratado ou convenção em vigor no Brasil, ficando assegurada a data do primeiro depósito no exterior, desde que seu objecto não tenha sido colocado em qualquer mercado, por iniciativa directa do titular ou por terceiro com seu consentimento, nem tenham sido realizados, por terceiros, no País, sérios e efetivos preparativos para a exploração do objeto do pedido ou da patente"[122].

Esta ressalva, embora não imposta pelo Acordo TRIPS, afigura-se inteiramente consistente com a margem de conformação e optimização dos níveis de protecção que o mesmo reconhece aos Estados. Trata-se de uma solução excepcional e transitória, pretendendo adequar de forma justa e razoável o novo regime à situação jurídica e económica concretamente existente no momento da sua entrada em vigor.

---

[122] Refira-se que no caso *Canada, – Patent Protection of Pharmaceutical Products*, WT/DS114/5(98-4503) de 12 de novembro de 1998, o problema do "uso anterior" ("prior use") de um produto e os direitos daí decorrentes tinham sido ponderados, no contexto da WIPO, nos seguintes termos: "... *any person who, in good faith, before the filing date [...] and within the territory where the patent produces its effect, was using the invention or was making effective and serious preparations for such use; any such person shall have the right, for the purposes of his enterprise or business, to continue such use or to use the invention as envisaged in such preparations*".

A mesma é, além do mais, igualmente adequada ao princípio do direito da propriedade intelectual segundo o qual, quem, de forma privada e independente, concebe e usa uma invenção antes da concessão da patente sobre essa invenção a um terceiro, e cuja actividade é, por conseguinte lícita, não deve ser surpreendido pela ilicitude ulterior dessa actividade (artigo 232.° e seus parágrafos)[123]. Ela demonstra que as patentes "pipeline" não são concedidas de forma indiscriminada, antes traduzem um processo de ponderação de bens jurídicos e interesses.

Nos termos do § 1.° do mesmo artigo, o depósito teria que ser feito dentro do prazo de um ano contado da publicação de Lei n.° 9.279/96, isto é, entre 15 de maio de 1996 e 15 de maio de 1997, devendo indicar a data do primeiro depósito no exterior, dado que este substitui a data da prioridade mais antiga para os pedidos de patente abrangidos pela Convenção de Paris[124]. A protecção de ter-

---

[123] Jeremy Phillips, Alison Firth, *Introduction to Intellectual Property Law*, cit., p. 13.

"Art. 232 – A produção ou utilização, nos termos da legislação anterior, de substâncias, matérias ou produtos obtidos por meios ou processos químicos e as substâncias, matérias, misturas ou produtos alimentícios, químico-farmacêuticos e medicamentos de qualquer espécie, bem como os respectivos processos de obtenção ou modificação, mesmo que protegidos por patente de produto ou processo em outro país, de conformidade com tratado ou convenção em vigor no Brasil, poderão continuar, nas mesmas condições anteriores à aprovação desta Lei.

§ 1° – Não será admitida qualquer cobrança retroativa ou futura, de qualquer valor, a qualquer título, relativa a produtos produzidos ou processos utilizados no Brasil em conformidade com este artigo.

§ 2° – Não será igualmente admitida cobrança nos termos do parágrafo anterior, caso, no período anterior à entrada em vigência desta Lei, tenham sido realizados investimentos significativos para a exploração de produto ou de processo referidos neste artigo, mesmo que protegidos por patente de produto ou de processo em outro país."

[124] O Procedimento de depósito da patente "pipeline" encontra-se disciplinado pelo Acto Normativo n.° 126/96, que também disciplina o depósito das patentes de "mail box" de que trata o Decreto 1.355/94. De acordo com este diploma, logo que a patente seja concedida no país de origem, é apresentado um pedido, devidamente instruído, junto do INPI. Se o pedido respeitar a um produto

ceiros interessados é garantida, nos termos do § 2.º, através da publicação do pedido de patente "pipeline", nos termos artigo 230.º, facultando-se aos mesmos a possibilidade de se manifestarem no prazo de 90 (noventa) dias quanto ao atendimento do disposto no *caput* mesmo artigo.

Por seu lado, o § 3.º do artigo 230.º determina que respeitados os arts. 10.º e 18.º da Lei, e uma vez atendidas as condições estabelecidas neste artigo e comprovada a concessão da patente no país onde foi depositado o primeiro pedido, será concedida a patente no Brasil, tal como concedida no país de origem[125]. O §4.º do artigo 230.º, da Lei n.º 9.279/96, veio assegurar às patentes "pipeline" uma validade pelo prazo remanescente de proteção no país em que o primeiro pedido de depósito foi realizado, com observância do prazo limite de vinte anos previsto na lei brasileira, no artigo 40.º da Lei n.º 9.279/96. Tal não significa, como melhor veremos a seguir, que o prazo da patente "pipeline" deva ser contado a partir desse primeiro depósito no exterior.

Por esta via, foi concedida, pelo ordenamento jurídico brasileiro, protecção jurídica a patentes cujo primeiro pedido havia sido depositado num país estrangeiro que já não podia beneficiar (pelo decurso do prazo) da prioridade da Convenção de Paris. Compreensivelmente, esta solução criou alguma oposição nos sectores ligados à indústria farmacêutica brasileira, largamente assente no fabrico e importação de produtos copiados. De acordo com estes sectores, a introdução das patentes "pipeline" no Brasil iria pôr em causa a investigação e o desenvolvimento de produtos farmacêuticos neste país.

---

ainda não patenteado, mas apenas com pedido de patente depositado, deve aguardar-se a decisão das autoridades competentes do Estado estrangeiro.

[125] Sobre este requisito, veja-se Clémerson Merlin Cléve, Melina Brekenfeld Reck, "A repercussão, no regime da patente de pipeline...", *cit.*, p. 15, chamando a atenção para o facto de que a expressão "patente concedida no país de origem" tem vindo a ser entendida pelo INPI como significando "não apenas os pedidos examinados no país de origem, mas também os processados numa entidade regional aceite pelo país de origem".

Na verdade, as normas do TRIPS, embora aparentemente severas relativamente aos países em vias de desenvolvimento, acabam por lhes permitir, a prazo, edificar uma indústria farmacêutica sólida e com a protecção necessária para se poder consolidar no longo prazo.

Como anteriormente se viu, o Decreto n.º 1.355/94 e a Lei n.º 9.279/96 pretenderam romper com o paradigma regulatório anterior e pôr fim à situação de verdadeira estagnação da investigação e desenvolvimento no domínio farmacêutico a que o mesmo havia efectivamente conduzido. Isto no pressuposto de que a saúde pública tem que ser garantida a curto, médio e longo prazo. Se a curto prazo pode ser necessário disponibilizar medicamentos a baixo preço que possam controlar as epidemias (v.g. cocktail retroviral para a AIDS), a longo prazo importa promover o investimento e a investigação e o desenvolvimento, aspecto particularmente relevante no caso brasileiro, com uma indústria farmacêutica em franca expansão[126].

A protecção das patentes "pipeline" é apenas uma peça de uma estratégia mais vasta de reforço da protecção da propriedade intelectual no Brasil, reforço esse considerado fundamental para o desenvolvimento sustentado da industria farmacêutica brasileira, assente em bases biotecnológicas e económicas mais sólidas. E trata-se de uma solução relativamente circunscrita, desde logo do ponto de vista temporal, da qual o legislador brasileiro lançou mão com parcimónia.

Embora não existindo uma previsão expressa no Acordo TRIPS, a introdução da protecção jurídica das patentes "pipeline" não era nem proibida nem imposta por este instrumento internacional. Nessa como noutras matérias, o Acordo TRIPS deixou a opção à discricionariedade dos Estados. Em todo o caso, a obrigação da patenteabilidade dos produtos farmacêuticos, resultante do artigo

---

[126] Neste sentido, Mônica Steffen Guise, "Propriedade Intelectual…", *cit.*, p. 103, em cujo estudo se revela que em 2006 a indústria farmacêutica brasileira ocupava o 11.º lugar no *ranking* mundial.

27.°/1 do Acordo TRIPS, aponta para a necessidade de os Estados que até então não concediam protecção a esses produtos virem a introduzir regimes transitórios de protecção com uma estrutura semelhante à das patentes "pipeline".

De resto, o Acordo TRIPS não deixou de instituir normas com efeitos próximos dos das patentes "pipeline", como no caso das já referidas normas respeitantes ao mencionado "pipeline suíço" e ao *mail-box requirement*, previsto no artigo 70.°/8, solução intimamente relacionada com o regime de transição previsto no artigo 65.° do TRIPS, e com a concessão de direitos exclusivos de comercialização (DEC) por cinco anos, verificados os pressupostos do artigo 70.°/9. Assim sendo, pode afirmar-se que a protecção das patentes "pipeline" é sistemicamente consistente com a intencionalidade normativa do Acordo TRIPS.

5.1.3. *Contagem do prazo das patentes "pipeline"*

Como já se referiu, o § 4.° do artigo 230.° da Lei n.° 9.279/96 veio assegurar às patentes "pipeline" uma validade pelo prazo remanescente de proteção no país em que o primeiro pedido de depósito foi realizado, com observância do prazo limite de vinte anos previsto na lei brasileira, no artigo 40.°. Por seu lado, o §1.° do mesmo artigo determina que o depósito terá que ser feito dentro do prazo de um ano contado da publicação de Lei n.° 9.279/96, isto é, entre 15 de maio de 1996 e 15 de maio de 1997, devendo indicar a data do primeiro depósito no exterior. Esta data constitui o ponto de referência para a definição do estado da técnica e para contagem do prazo de duração das patentes "pipeline", uma vez que a patente "pipeline" foi protegida no Brasil porque previamente havia sido registada no estrangeiro[127].

Estes preceitos têm sido utilizados para sustentar duas posições divergentes, que têm oposto o INPI e algumas empresas estrangei-

---

[127] Decisão da Vigésima Sétima Vara Federal, de 31-10-2006, Juíza Federal Márcia Maria Nunes de Barros.

ras. Numa acção ordinária interposta por uma empresa farmacêutica contra o INPI, a instância jurisdicional competente, do Rio de Janeiro[128], sustentou a relevância do primeiro depósito no estrangeiro, mesmo abandonado, como momento relevante para a contagem do prazo de protecção das patentes "pipeline". Diferentemente, a empresa farmacêutica autora da demanda sustentou a incompatibilidade de tal entendimento com o § 4.º do artigo 230.º, quando se refere ao remanescente de protecção. Vejamos a questão em abstracto, começando com o § 1.º do artigo 230.º.

Este inciso regula a apresentação e instrução do pedido de patente "pipeline", sublinhando que o mesmo deve indicar a data do primeiro depósito. O conceito de "primeiro depósito" deve ser interpretado à luz dos artigos 4.º CA(/4) e 4.ºbis (5)) da Convenção de Paris, segundo os quais "[d]eve ser considerado como primeiro pedido, cuja data de apresentação marcará o início do prazo de prioridade, um pedido ulterior que tenha o mesmo objecto que um primeiro pedido anterior, de harmonia com a alínea 2), apresentado no mesmo país da União, desde que, à data da apresentação do pedido ulterior, o pedido anterior tenha sido retirado, abandonado ou recusado, sem ter sido submetido a exame público e sem deixar subsistir direitos e que não tenha ainda servido de base para reivindicação do direito de prioridade. O pedido anterior não poderá nunca mais servir de base para reivindicação do direito de prioridade." O artigo 4.ºbis (5), por seu lado, estipula: "As patentes obtidas com o benefício da prioridade gozarão, nos diferentes países da União, de duração igual àquela de que gozariam se fossem pedidas ou concedidas sem o benefício da prioridade."

De acordo com estes incisos, o pedido ulterior substitui o pedido anterior para efeitos de prioridade, não devendo este deixar

---

[128] BRASIL. Tribunal Regional Federal da 2.ª Região. Ap. Cível n.º 2005.51.01.512194-6. Recorrente Eli Lilly and Company. Recorrido: Instituto Nacional da Propriedade Industrial – INPI. Relatora: Juíza Federal Convocada Márcia Helena Nunes. Rio de Janeiro, 13 de novembro de 2007. *D.J.U.* 14 de dezembro de 2007, p. 234-237.

subsistir quaisquer direitos ou servir de base para a reivindicação de prioridade. No referido caso concreto, o INPI considerou que a empresa em causa tinha usado o primeiro pedido abandonado para reivindicar direitos de prioridade, pelo que o primeiro depósito abandonado deveria ser relevante também para efeitos de contagem do prazo de protecção da patente "pipeline" no Brasil.

Trata-se de uma posição sustentada num caso concreto, com base em factos concretos respeitantes ao pedido de uma determinada patente original nos Estados Unidos. Entendeu-se, *in caso*, que o primeiro depósito, mesmo abandonado, foi juridicamente relevante do ponto de vista da prioridade unionista para efeitos da exclusão de terceiros do uso da patente e do direito de fazer pedido idêntico em múltiplos Estados, etc.

Além disso, este primeiro registo permitiu aferir a novidade do bem patenteável e o respectivo salto inventivo. Invocaram-se ainda as razões de interesse público, relacionadas com o acesso das populações aos medicamentos a preços mais baixos, por sinal as mesmas razões que são frequentemente invocadas para restringir ao mínimo possível a duração das patentes, quando não mesmo para pôr em causa a própria patenteabilidade dos produtos farmacêuticos, razões às quais o Acordo TRIPS – interpretado de acordo com a Declaração de Doha e à luz do direito internacional dos direitos humanos – concede uma resposta adequada.

A posição do INPI, aparenta alguma solidez, especialmente na parte em que pretende confrontar a empresa em causa com as supostas inconsistências da sua posição. No entender do INPI, se a empresa se prevaleceu do primeiro pedido abandonado para reivindicar direitos de prioridade, então a mesma não poderia prevalecer--se do segundo pedido para a contagem do prazo de duração da patente "pipeline". Esta posição tem um mérito mais aparente do que real. Com efeito, para além de existir um acervo significativo de jurisprudência em sentido contrário[129], a mesma pode e deve ser

---

[129] Veja-se, por exemplo, no caso mexicano, a Decisão no processo n.º 3740//02-17-03-3/552/03-PL-09-04, resultado do Pleno da Sala Superior do Tribunal

confrontada com alguns contra-argumentos que nos parecem dotados de uma força decisiva para a correcta determinação do momento relevante para o início da contagem do prazo. Detenhamo-nos sobre esta questão.

Em primeiro lugar, esse entendimento não se deduz expressamente da letra da lei, muito menos quando pretende ser aplicado a pedidos abandonados, dos quais não resultou nenhuma protecção patentária[130]. Isto mesmo quando daí tenham resultado alguns direitos ou reivindicações de prioridade. Assim, pode questionar-se a bondade de uma *sobre-interpretação* do §1.° do artigo 230.°,.° postergando a intencionalidade de reforço da propriedade intelectual do Acordo TRIPS, da Lei n.° 9.279/96, do artigo 230.° dessa lei e do respectivo §4.°, à qual não é alheia uma lógica de compensação pelos efeitos negativos que se sentem no presente, resultantes das violações dos direitos de propriedade intelectual ocorridas no passado[131].

Federal de Justiça Fiscal e Administrativa em sessão de 7 de julho de 2004. Do mesmo modo, a decisão da Quinta Sala Regional Metropolitana do Tribunal Federal de Justiça Fiscal e Administrativa, Expediente 14113/05-17-05-9; e a Decisão da Sétima Sala Regional Metropolitana do Tribunal Federal de Justiça Fiscal e Administrativa, Expediente 8749/05-17-07-2.

[130] Isto mesmo foi salientado no caso BRASIL. Tribunal Regional Federal da 2.ª Região. Ap. Cível n° 2005.51.01.507479-8. Recorrente: Takeda Pharmaceuticals Company Limited. Recorrido: Instituto Nacional da Propriedade Industrial – INPI. Relator: Desembargador Messod Azulay Neto. Rio de Janeiro, 27 de fevereiro de 2007. D.J.U. de 13 de março de 2007, p. 277-279, tendo-se se sustentado que "[o]conceito de prazo remanescente, para fins de aplicação do artigo 230 §§ 3.° e 4.° da LIP, deve se ater, unicamente, ao computo do prazo residual que a patente ainda possa ter no país de origem, na data da publicação do Decreto que incorporou o TRIPS (observado o limite máximo permitido de 20 anos), sem contemplar quaisquer outras circunstâncias, tais como, data de depósito de patente abandonada ou prazo suplementar eventualmente concedido. *In casu*, a data de extinção da patente no Brasil deve coincidir com a data inicialmente prevista para extinguir-se no Japão, ou seja – 09/01/2006, abstraindo-se do prazo de extensão posteriormente concedido no país de origem"

[131] Neste sentido, a jurisprudência brasileira tem chamado a atenção para o facto de que "a *mens legislatoris* é no sentido de permitir que a caducidade dos

Ou seja, o entendimento da INPI afigura-se insustentável à luz dos elementos textual, sistemático e teleológico da interpretação jurídica.

Em segundo lugar, tal entendimento nem sequer faz sentido quando do primeiro pedido resultou já uma patente original, não podendo, por maioria de razão, ser extrapolado para pedidos em relação aos quais se verificou uma desistência. É que as patentes "pipeline" são sempre referidas a uma protecção patentária obtida num Estado estrangeiro. Assim, é inaceitável considerar como factor decisivo para a contagem do prazo de protecção da patente "pipeline" a mera obtenção de uma posição de prioridade unionista.

Em terceiro lugar, a Lei n.º 9.279/96, ao admitir as patentes "pipeline", não reconhece a possibilidade de relativização excepcional do requisito da novidade, pois permite que a sua avaliação possa ser reportada ao momento do primeiro depósito no exterior, mesmo após o término da prioridade da Convenção de Paris. Na verdade, importa ter em mente que a data do primeiro depósito no exterior, de que trata o artigo 230.º, e data da prioridade União de Paris, são uma e mesma coisa.

Em quarto lugar, pode apontar-se o facto de que o entendimento do INPI não garante a protecção das patentes "pipeline" pelo prazo remanescente de protecção no país, tal como sugerido pelo § 4.º do artigo 230.º, podendo mesmo contribuir para o seu substancial encurtamento no Brasil relativamente à patente originária estrangeira.

Em quinto lugar, deve entender-se que quando o artigo 230.º se refere à data do primeiro depósito no exterior, o mesmo tem em vista satisfazer as exigências do artigo 8.º da Lei n.º 9.279/96, que requer

---

registros, tanto no Brasil, quanto no exterior, possam ocorrer de forma simultânea, compensando efeitos pretéritos da Lei 5.772/71, Exceção feita, somente, quando o período residual ultrapassar o limite de 20 anos". BRASIL. Tribunal Regional Federal da 2.ª Região. Agravo de Instrumento n° 2005.02.01.014529-6. Agravante: Instituto Nacional da Propriedade Industrial – INPI. Agravada: Kyorin Pharmaceutical CO. LTD. Relator: Desembargador Messod Azulay Neto. Rio de Janeiro, 25 de abril de 2006. D.J.U. de 25 de outubro de 2006, p. 84.

a novidade absoluta da patente, e do artigo 16.º deste diploma, que remete para o prazo de um ano característico do direito de prioridade da Convenção de Paris[132]. Isto é, sem a salvaguarda do artigo 230.º, estas exigências considerar-se-iam desrespeitadas pelas patentes "pipeline". É este o único *efeito útil* desta norma, dela não se podendo extrapolar quaisquer consequências para efeitos de início da contagem do prazo das patentes "pipeline".

Em sexto lugar, se se aceitar a interpretação do INPI subverte-se a própria intencionalidade da concessão da patente "pipeline", fazendo sair pela janela a protecção jurídica que primeiro se fez entrar pela porta[133]. As patentes são concedidas como concretização de um direito fundamental de propriedade industrial, constitucionalmente consagrado, devendo ser interpretadas de acordo com a *ratio* protectora que lhes está subjacente.

Em sétimo lugar, o § 4.º sugere que a duração da patente "pipeline" no Brasil deve corresponder ao remanescente da protecção da

---

[132] Decreto n.º 1.263/de 10 de outubro de 1994.

[133] Na verdade, tem que se concordar com a posição que logrou acolhimento na jurisprudência brasileira, segundo a qual "o §4.º é expresso em assegurar a proteção no prazo remanescente do depósito concedido no exterior, contado da data do depósito no Brasil, evidenciando-se, portanto, que o objeto da norma é estender a proteção no Brasil pelo mesmo prazo que resta à patente no país de origem. Dessa forma, para fins de fixação do prazo remanescente, o fator determinante é fundamentalmente o período de tempo de proteção que subsiste à patente originária, sendo a menção à data do primeiro depósito mera formalidade, a qual, outrossim, poderia ser útil para se dirimir eventual dúvida acerca da vigência da patente no exterior." Daqui decorre que "[n]ão compete ao INPI rever o ato de concessão das patentes estrangeiras, estabelecendo que as mesmas tenham vigência a partir de um primeiro depósito que posteriormente tenha sido abandonado, pois o que importa, nos termos do art. 230, §4.º, da Lei n.º 9.279//96, é o prazo de vigência remanescente de acordo com o que restou concedido no país originário." BRASIL. Tribunal Regional Federal da 2.ª Região. Ap. Mandado de Segurança nº 2001.02.01.045636-3. Recorrente: Instituto Nacional da Propriedade Industrial – INPI. Recorrida: Pfizer limited. Relatora: Desembargador Sergio Schwaitzer. Rio de Janeiro, 03 de março de 2004. D.J.U. de 17 de março de 2004, p. 212-214.

patente originária no país em que a mesma foi concedida. Quando aí se fala em remanescente de protecção tem-se em vista o tempo que falta para expirar o prazo de protecção da patente no Estado estrangeiro e não o prazo que falta para a expirar o prazo de 20 anos contados a partir do primeiro pedido[134] (no caso *sub judice* abandonado). A patente "pipeline" e a patente originária devem expirar no mesmo dia. O § 4.° coloca o acento tónico na protecção da patente e no respectivo prazo de duração. É com base neste ponto de referência que se concede às patentes "pipeline" o remanescente do prazo de protecção válido no estrangeiro[135]. Na ver-

---

[134] Deve concordar-se, a esta luz, com a orientação jurisprudencial que sustenta que "por prazo remanescente deve ser entendido o prazo que sobejar à patente deferida no exterior pela primeira dentre as muitas patentes deferidas que acaso o titular detenha, isto é, em outras palavras, o número de anos, meses e dias que o titular ainda tenha de proteção para o seu invento." (p.5 do Anexo Acórdão C) BRASIL. Tribunal Regional Federal da 2.ª Região. Ap. Mandado de Segurança n° 2002.51.01.530808-5. Recorrente: Instituto Nacional da Propriedade Industrial – INPI. Recorrida: Aventis Pharma Deutschland GMBH. Relatora: Desembargadora Lilliane Roriz. Rio de Janeiro, 23 de maio de 2006. D.J.U. de 31 de maio de 2006, p. 263-264.

[135] Isto mesmo foi sustentado, na jurisprudência brasileira, ao afirmar-se: "Na minha compreensão, de fato, a lei brasileira não considerou a data do depósito da patente no Brasil, mas não interfere com a contagem do prazo de acordo com a lei do país de origem. Ora, se no país de origem o comando é de que o prazo, no caso, é de 17 anos a contar da concessão da patente, contado remanescente do depósito no Brasil não há como interferir no prazo de validade da patente no país de origem computando-se para efeito da lei brasileira o do primeiro depósito. O que cabe regular é a contagem do remanescente a partir do depósito no Brasil. De fato, o § 4° do art. 230 da Lei n.° 9.279/96 refere-se "ao prazo remanescente de proteção no país onde foi depositado o primeiro pedido, contado da data do depósito no Brasil e limitado ao prazo previsto no art. 40, não se aplicando o disposto no seu parágrafo único". Não quis o legislador brasileiro dizer de que data se conta a proteção conferida no país do primeiro depósito, mas, sim do prazo remanescente de proteção no país em que feito o primeiro depósito, o que é coisa, na minha compreensão, diferente." BRASIL. Superior Tribunal de Justiça. REsp 445.712-RJ. Recorrente: Ministério Público Federal. Recorrida: Schering Corporation. Relator: Min. Castro Filho. Brasília, 11 de maio de 2004. D.J.U. de 28 de junho de 2004, p. 301.

dade, o carácter derivado das patentes "pipeline" – que as torna dependentes das patentes originárias em vicissitudes muito importantes como a concessão, a prorrogação e a nulidade – aponta para uma relação de dependência também em matéria de duração. Tudo indica, pois, que o elemento decisivo, em matéria de patentes "pipeline", é a garantia do remanescente da protecção efectiva concedida no Estado do primeiro depósito de que resultou a obtenção da patente[136].

Por exemplo, como os pedidos de "pipeline" só puderam ser requeridos no Brasil entre maio de 1996 e maio de 1997, e como estão limitados a 20 anos a partir da data do depósito no Brasil, todos os "pipelines" do país vão acabar antes de maio de 2017, devendo cada um deles, dentro desse limite, expirar no mesmo dia em que expira a patente originária obtida no estrangeiro.

5.2. *A Constituição Federal de 1988*

5.2.1. *Enquadramento constitucional da propriedade intelectual*

A ligação entre a propriedade intelectual e o constitucionalismo democrático remonta às origens do constitucionalismo moderno. A *Intellectual Property Clause* da Constituição Federal Americana, de 1787, atribuía ao Congresso a competência para promover o progresso da ciência e das artes, especificando que isso deveria ser conseguido através da garantiam aos autores

---

[136] Neste mesmo sentido se pronunciou Simone H.C. Scholze, "Política de patentes em face da pesquisa em saúde humana: desafios e perspectivas no Brasil", in, Márcia Flávia Santini Picarelli; Márcio Iorio Aranha, Org.), Política de Patentes em Saúde Humana, Editora Atlas, São Paulo, 2001, p. 49, sustentando que: "Tendo em vista que o INPI não faria exame do mérito quanto ao pedido abrangido pelo pipeline já concedido no país de origem, deveriam ser considerados os termos da concessão e o prazo de validade da patente na origem. Assim, exaure-se a patente pipeline no Brasil na mesma data em que esta se extinguir no país de origem do pedido".

e inventores, por tempo limitado, de direitos exclusivos sobre os seus respectivos escritos e descobertas[137].

Por seu lado, o preâmbulo da Lei de Patentes, de 7 de janeiro de 1791, aprovada pela Assembleia Constitucional francesa, considera a propriedade intelectual como "o mais sagrado dos direitos de propriedade[138]. Na raiz desta disposição encontra-se a crença genuína, de matriz *lockeana*, de que a permissão aos indivíduos de fruírem os ganhos resultantes do seu génio e esforço criativo, além de ser moralmente devida, constituiria um meio pouco dispendioso e eficaz de assegurar importantes ganhos do ponto de vista do progresso económico, social e cultural[139].

Desde então para cá, muitas outras Constituições de vários Estados têm inserido normas sobre a protecção da propriedade intelectual. Isso mesmo sucedeu na história do constitucionalismo brasileiro em que, das oito constituições, só a de 1937 não consagrava disposições nesse sentido.

A Constituição Brasileira de 1988 consagra, no seu artigo 5.°, a protecção dos direitos de propriedade intelectual e industrial. Depois de tratar os direitos de autor nos § XVII e XVIII, a Lei Fundamental, no seu § inciso XXIX, dispõe que "[a] lei assegurará aos autores de inventos industriais privilégio temporário para sua utilização, bem como proteção às criações industriais, à propriedade das marcas, aos nomes de empresas e a outros signos distintivos, tendo

---

[137] Edward C. Walterscheid, "To Promote The Progress of Science And Useful Arts: The Background And Origin of the Intellectual Property Clause of the United States Constitution", *Journal of Intellectual Property Law*, 2, 1994, p. 1 ss.

[138] Daniela Vanila Benetti, "Protecção às Patentes de Medicamentos...", *cit.*, p. 332-333. Sobre as várias dimensões do direito da propriedade intelectual e do direito de troncalidade autoral conferir o nosso artigo "Liberdade e Exclusivo na Constituição", in J. J. Gomes Canotilho, *Estudos sobre Direitos Fundamentais*, *cit.*, p. 216 ss.

[139] Edward C. Walterscheid, "To Promote The Progress...", *cit.*, p. 14 ss.; Christopher Mayer, "The Brazilian Pharmaceutical Industry goes walking from Ipanema to Prosperity...", *cit.*, p. 392.

em vista o interesse social e o desenvolvimento tecnológico e económico do País".

Este direito tem uma importante função social, na medida em que a sua protecção encoraja, a prazo, o desenvolvimento científico, tecnológico e económico dos Estados. O mesmo deve ser interpretado mediante uma referência lógico-sistemática à função social da propriedade e do direito de iniciativa económica privada, tal como decorre do artigo 219.º da mesma Lei Fundamental, segundo o qual "[o] mercado interno integra o patrimônio nacional e será incentivado de modo a viabilizar o desenvolvimento cultural e sócio--económico, o bem-estar da população e a autonomia tecnológica do País, nos termos de lei federal." Existe um efeito de reforço recíproco entre os interesses, aparentemente conflituantes, da remuneração do criador e do inventor e do desenvolvimento económico e social[140].

A referência lógico-sistemática a que acabámos de nos referir impõe uma breve suspensão reflexiva sobre a teleologia intrínseca subjacente ao enunciado linguístico do artigo 5.º XXVII e XXIX da Constituição Brasileira de 1988. Ao referir-se à "protecção do direito de propriedade intelectual e industrial", a Constituição Brasileira inclui no âmbito da "propriedade espiritual" ou intelectual o direito de autor, o direito às marcas e o direito às patentes.

É esta a orientação do Acordo TRIPS onde se estatui expressamente que a propriedade intelectual se refere a todas as categorias de "propriedade espiritual", de forma a abranger os direitos de autor e direitos conexos, marcas, desenhos e modelos industriais, paten-

---

[140] Douglas Gabriel Domingues, "A propriedade industrial na Constituição Federal de 1988", *Revista Forense*, n.º 304, 1988, p. 76. Referindo-se a esta polarização de interesses, o autor firma que "[s]ão posições aparentemente antagónicas e contraditórias, porque em verdade o interesse de um completa o do outro e, em matéria de invenção, a sociedade é a maior interessada, e quando protege o inventor não o faz com a finalidade outra que estimular o progresso técnico, incrementar o desenvolvimento de sua economia e satisfazer a necessidade de seus membros."

tes, configurações (topografia) de circuitos integrados. E, com efeito, em todas estas categorias de propriedade intelectual se colocam questões de "liberdade" e de "exclusivo", ou, para utilizarmos os enunciados linguísticos da Constituição Brasileira, de "privilégio temporário de utilização" e "interesse social e desenvolvimento tecnológico e económico". Não interessa assim uma digressão dogmática em torno das várias compreensões do direito de propriedade intelectual. Em obras especializadas sobre direito de autor assinalam-se várias irradiações a estes direitos: "direito de personalidade", "direito humano", "direito de propriedade", "direito privado", "direito de liberdade", "direito exclusivo"[141].

Os direitos de propriedade intelectual transportam, indubitavelmente, dimensões jurídico-pessoais (individuais ou colectivas) e dimensões jurídico-patrimoniais. No entanto, a problemática da propriedade intelectual e a sua concordância prática com o "interesse social" e o "desenvolvimento tecnológico" justificaram também que, desde há muito, se tenham avançado algumas teorias sobre as restrições à propriedade intelectual. Aqui vêm entroncar as chamadas "teoria do privilégio" (cfr. artigo 5.º XXIX da Constituição Brasileira, que se refere a "privilégio temporário") ou "teoria do monopólio" e a "teoria do direito de edição".

A chamada "teoria do privilégio" ou "teoria do monopólio" encara o direito de autor como um direito ou faculdade exclusivo que garante ao criador uma remuneração pelo seu trabalho, as suas ideias e as suas descobertas. O alargamento do âmbito normativo dos direitos de autor, de forma a incluir o direito de invenção e o direito de propriedade intelectual, deslocou precisamente o problema do exclusivo nos direitos de autor para o conhecido "movimento antipatentes"[142]

---

[141] Ver, por exemplo, Eugene Ulmer, *Urheber und Verlagsrecht*, 3.º ed., Berlin, 1980; Hubmann, Rehbinder, *Uhrheber und Verlagsrecht* 4.ª ed, München, 1995; Bappert, *Wege zum Urheberrecht,* Frankfurt-am-Main, 1962. Mais recentemente, Frank Fechner, *Geistiges Eigentum und Verfassung*, Tübingen, 1998.

[142] Cfr., precisamente, W. Bernhault, R Krasser, *Lehrbuch des Patentenrecht*, 4.ª ed., München, 1986, p. 52.

que, ao lado da categórica rejeição da raiz jusnaturalista dos direitos de invenção, reivindica a liberdade económica da utilização das invenções como expressão de um espólio civilizacional relativamente aos chamados "bens comuns"[143].

O texto fundamental do Brasil não abraçou a radicalidade desta posição, antes insinua a necessidade de harmonização entre a protecção da propriedade intelectual e o desenvolvimento económico e tecnológico. A Constituição Brasileira concede ao legislador a possibilidade de estabelecer direitos exclusivos temporários a favor de criadores e inventores, tendo em vista o desenvolvimento científico e tecnológico. Estes direitos são inteiramente compatíveis com o princípio da livre concorrência consagrado no artigo 170.º/IV da Constituição Brasileira, na medida em que resultam da harmonização e concordância prática com um direito fundamental consagrado no mesmo texto constitucional, no artigo 5.º IX e XXIX. Sempre que exista uma antinomia aparente entre normas constitucionais, deve fazer-se uma leitura sinóptica das mesmas, que garanta a sua harmonização e máxima efectividade, evitando leituras que privilegiem uma norma em detrimento da outra.

5.2.2. *A constitucionalidade das patentes "pipeline"*

É à luz deste parâmetro que deve ser aferida a questão da constitucionalidade das patentes "pipeline". A questão tem sido discutida a partir de diferentes perspectivas, sendo que algumas delas colocam questões que extravasam o alcance desta exposição.

Por um lado, coloca-se a questão da compatibilidade das mesmas com os princípios constitucionais da *soberania nacional* e da *igualdade* entre cidadãos nacionais e estrangeiros, sendo que estes princípios relevam igualmente no plano jurídico-internacional. Por outro lado, sem a menor razão, questiona-se a constitucionalidade dessas patentes do ponto de vista da sua conformidade com o *crité-*

---

[143] Cfr., o nosso já citado, "Liberdade de Exclusivo na Constituição...", *cit.*, p. 222.

rio da novidade das patentes, considerado implicitamente consagrado no texto constitucional.

Contesta-se ainda a sua legitimidade constitucional do ponto de vista da *protecção dos direitos adquiridos*, isto é, à luz do princípio da segurança jurídica e da protecção da confiança dos cidadãos, ínsito no princípio do Estado de direito. A estas questões dedicaremos em seguida a nossa atenção.

5.2.3. Patentes "pipeline" e soberania nacional

Um problema que alguns sectores minoritários da doutrina suscitam, prende-se com a possibilidade de inconstitucionalidade das patentes "pipeline" por violação do princípio da soberania nacional, que deve nortear a ordem económica brasileira, segundo o disposto no artigo 170.°/1 da Constituição de 1988.

O problema suscita-se em virtude de a concessão destas patentes repousar na averiguação dos requisitos de patenteabilidade empreendida pela autoridade competente do Estado que registou a patente original, dispensando um exame semelhante pela autoridade congénere brasileira. Trata-se de um argumento que tenta transpor para o plano do direito constitucional as implicações do *princípio da independência das patentes*, constante do artigo 4.° bis da Convenção de Paris, através do qual se pretendeu assegurar o respeito pelo *principio do tratamento nacional* em matéria de patentes. Em todo o caso, este argumento afigura-se extremamente débil, desde logo por dois motivos.

Por um lado, o princípio da independência das patentes é relativizado pelo próprio Acordo TRIPS, quando este, no seu artigo 29.°/2, dispõe que "os membros podem exigir que o requerente de uma patente forneça informações relativas a seus pedidos correspondentes de patentes e às concessões no exterior"[144]. Na verdade, o princípio da independência das patentes tem por objectivo pri-

---

[144] Maristela Basso, *O Direito Internacional da Propriedade Intelectual*, Porto Alegre, Livraria do Advogado, 2000, p. 235.

mordial impedir a aplicação cumulativa de normas de ordenamentos jurídicos distintos. O mesmo não impede que um Estado, no domínio da patenteabilidade, tenha em conta factos ocorridos no estrangeiro.

Por outras palavras, o legislador nacional pode fazer corresponder efeitos jurídicos a pressupostos de facto ocorridos noutro Estado, sem que se viole o *princípio da independência das patentes*. De resto, atendendo à natureza de tratado-contrato da Convenção de Paris e à sua paridade hierárquico-normativa com a lei ordinária – que conduz à aplicação da regra *lex posterior derogat lex prior* – não seria facilmente sustentável a aplicabilidade directa do princípio da independência das patentes, contra e em vez da lei brasileira, especialmente numa leitura rígida e inflexível do mesmo, adversa a qualquer forma de ponderação ou relativização[145].

Por outro lado, trata-se de um argumento que supõe uma hostilidade a todos os sistemas de reconhecimento internacional de actos de natureza técnica, académica ou jurídica, praticados no estrangeiro, argumento esse claramente contrário às exigências de uma ordem internacional cada vez mais globalizada do ponto de vista político, jurídico, económico, técnico, académico, científico, etc. Na verdade, a Lei de Introdução ao Código Civil brasileiro, à semelhança do que sucede com outros Estados, prevê, no seu artigo 17.°, o reconhecimento de actos jurídicos praticados no estrangeiro, norma que fornece um importante ponto de apoio para o reconhecimento das patentes "pipeline".

Assim é, porque, de acordo com este artigo, "[a]s leis, atos e sentenças de outro país, bem como quaisquer declarações de vontade, não terão eficácia no Brasil, quando ofenderem a soberania nacional, a ordem pública e os bons costumes." Ora, considerando que a patente "pipeline" concedida no Brasil, se limita a reflectir na ordem jurídica brasileira um direito validamente constituído noutro

---

[145] Clémerson Merlin Cléve, Melina Brekenfeld Reck, "A repercussão, no regime da patente de pipeline...", *cit.*, p. 30 ss.

país, deve concluir-se que, em princípio, só por esse motivo, a mesma não representa qualquer atentado à soberania nacional. Na prática, passa-se com as patentes "pipeline" o mesmo que com outros direitos adquiridos e reconhecidos em países estrangeiros.

Uma vez verificada a observância dos requisitos de patenteabilidade à face da legislação estrangeira, o Estado não tem que gozar de qualquer discricionariedade na concessão de patentes[146]. Como veremos adiante, esta dependência da patente "pipeline" face à patente original requerida no estrangeiro é uma solução excepcional, justificada pela inexistência de protecção legal para os direitos de propriedade intelectual dos inventores. A mesma tem como fundamento o objectivo de minimizar os danos causados por uma omissão de tutela, de constitucionalidade mais do que duvidosa.

De resto, trata-se de uma solução que, longe de pôr em causa a soberania nacional, exprime a autonomia legislativa do legislador soberano na disciplina jurídica das patentes dentro do território estadual. Este último aspecto permite-nos passar à consideração de outro argumento intimamente relacionado com o argumento da defesa da soberania nacional, que se prende com a hipotética violação do princípio da igualdade entre cidadãos nacionais e estrangeiros.

5.2.4. Patentes "pipeline" e discriminação entre nacionais e estrangeiros

De acordo com este argumento, o instituto das patentes "pipeline" violaria o princípio da não discriminação entre nacionais e estrangeiros, na medida em que os titulares das patentes "pipeline" não teriam que se sujeitar aos mesmos requisitos legais e exames

---

[146] Num sentido que nos parece inteiramente compatível com este entendimento, veja-se, Dannemann, Siemsen, Bigler, Ipanema Moreira (*Comentários à Lei da Propriedade Industrial e Correlatos,* Rio de Janeiro, Renovar, 2001, p. 4), autores que chamam a atenção para a inexistência de discricionariedade da Administração na atribuição de patentes, logo que se verifiquem os requisitos legais de patenteabilidade.

técnicos que os cidadãos brasileiros. Todavia, também este argumento se afigura improcedente.

É certo que a protecção da propriedade industrial, tal como consagrada no artigo 5.º XXIX da Lei Básica Brasileira, pode ser interpretada por alguns como beneficiando agentes económicos poderosos. Tal resultado, porém, é inerente à própria ideia de protecção da propriedade industrial, muitas vezes ligada ao investimento de largas somas na investigação e desenvolvimento de novos produtos.

Na verdade, são beneficiadas tanto as empresas estrangeiras como as nacionais. Além disso, é óbvio que mesmo empresas mais pequenas podem beneficiar enormemente da protecção da propriedade industrial. Isto para não falar de todos os indivíduos que a prazo irão beneficiar do esforço científico e económico realizado na produção de novos medicamentos. Assim, não existe nada de inerentemente discriminatório na protecção da propriedade intelectual e industrial. A recusa dessa protecção poderia, essa sim, travar e desestabilizar o desenvolvimento da economia mundial, com inevitáveis prejuízos para a saúde pública global e as populações locais[147]. No que diz respeito especificamente à protecção das patentes "pipeline", o argumento da discriminação entre nacionais e estrangeiros não colhe.

Em primeiro lugar, porque os cidadãos estrangeiros, envolvidos nos processos de investigação e desenvolvimento de novos produtos farmacêuticos, já tiveram que se sujeitar a requisitos legais e exames técnicos no país em que obtiveram o registo da patente original, para além de terem suportado os custos inerentes ao desenvolvimento dos produtos e ao seu licenciamento sanitário.

Em segundo lugar, o sistema das patentes "pipeline" só colocaria verdadeiramente problemas incontornáveis de discriminação entre nacionais e estrangeiros se violasse o princípio da reciprocidade nas relações entre Estados e nas relações que estes estabelecem com os cidadãos uns dos outros. Por outras palavras, desde que os

---

[147] Luiz Otávio Pimentel, Welber Barral, "Direito de Propriedade Intelectual e Desenvolvimento", *cit.*, p. 18.

Estados estrangeiros concedam aos cidadãos brasileiros a mesma protecção de patentes "pipeline" que o Brasil concede aos cidadãos desses Estados, não haverá qualquer discriminação entre cidadãos nacionais e estrangeiros. Mas mesmo isso não seria imediatamente líquido, considerando a tendência, cada vez mais generalizada na doutrina internacional, de dissociar a protecção dos direitos humanos do princípio da reciprocidade nas relações entre Estados.

Na verdade, pode dizer-se que um sistema reforçado de protecção da propriedade intelectual opera no interesse da investigação e desenvolvimento realizados no Brasil, constituindo um forte incentivo à inventividade dos cientistas brasileiros.

Acresce que o Brasil, ao adoptar um sistema que até então impedia os seus titulares estrangeiros de registarem as suas patentes igualmente no Brasil (como sucedia até ao Acordo TRIPS e à Lei n.º 9.279/96), punha em causa o reconhecimento, na ordem jurídica brasileira, dos direitos que os mesmos adquiriram no estrangeiro, privando-os de uma protecção globalizada dos seus direitos de autor, e criando com isso problemas sérios no plano das relações políticas e económicas internacionais e do princípio da reciprocidade dos Estados.

Em terceiro lugar, as patentes "pipeline" inspiram-se nas patentes de importação, confirmação e revalidação, cuja lógica reproduzem, sendo certo que estas patentes desde há muito têm sido aceites pelo direito das patentes[148]. Em todos estes casos existe uma patente principal e uma patente secundária, dependente da patente principal.

A patente "pipeline" funciona como uma espécie de revalidação de uma patente obtida num Estado estrangeiro de acordo com critérios procedimentais e instrutórios estabelecidos nesse Estado, assim se justificando a derrogação do *iter* nacionalmente estabelecido, designadamente em termos de exame técnico.

Por sua vez, o prazo de protecção da patente "pipeline" encontra-se dependente do prazo remanescente de protecção da patente

---

[148] José Carlos Tinoco Soares, *Lei de Patentes, Marcas e Direitos Conexos*, São Paulo, RT, 1997, p. 343.

original no estrangeiro, contando-se, por isso, de forma diferente do que seria usual à face do direito nacional. Isso significa que a protecção das patentes "pipeline" não goza do limite mínimo de 10 anos que vale para a generalidade das patentes. No entanto, a patente "pipeline" distingue-se do pedido internacional de patente, na medida em que neste as autoridades nacionais procedem ao exame técnico da patenteabilidade[149].

5.2.5. Patentes "pipeline" e concorrência

No artigo 5.º IX e XXIX consagra a Constituição Brasileira a protecção da propriedade intelectual nos termos já salientados em números anteriores. Em certos quadrantes doutrinários avança-se, porém, com a desconformidade constitucional desta protecção, tendo em conta o princípio da livre concorrência consagrado no artigo 170.º/IV da mesma Constituição. Embora as posições argumentativas no que se refere a este tópico não sejam sempre claras, cremos que elas pretendem insinuar a ideia de a protecção da concorrência no ordenamento constitucional brasileiro tem um conteúdo idóneo para justificar a restrição dos direitos exclusivos postulados pela propriedade intelectual. E, na verdade, deve reconhecer-se que o mesmo raciocínio tem sido feito noutros quadrantes jurídicos, sobretudo no âmbito da legislação *antitrust*[150].

Convêm registar aqui algumas suspensões reflexivas. O argumento da concorrência, levado até às últimas consequências, prova demais, pois ele induziria a rotular de inconstitucional, por violação do princípio da concorrência, o ordenamento multinível de protec-

---

[149] Mencionado estes aspectos, Clémerson Merlin Cléve, Melina Brekenfeld Reck, "A repercussão, no regime da patente de pipeline...", *cit.*, p. 23.

[150] O problema tem sido discutido no direito da União Europeia e atingiu repercussões mundiais com as sanções impostas à Microsoft. O tema é objecto de estudo a propósito do abuso de posição dominante e da recusa de contratar. Veja-se, por exemplo, Michelle Bertani, *Proprietà intellettuale, antitrust e rifiuto di licenze* Milano, 2004, p. 206 ss.

ção da propriedade intelectual, desde o Tratado TRIPS até à declaração de direitos e a própria Constituição Brasileira de 1988. Além disso, a invocação do princípio da concorrência parte de dois pressupostos carecidos de justificação: 1) que a estruturação dos direitos de propriedade intelectual, com a sua modalidade do *ius excludendi*, é, em si mesma, anticoncorrencial; 2) que o princípio da concorrência consagrado no art. 170.º/IV da Constituição Brasileira teria um valor superior ao direito de propriedade intelectual protegido no artigo 5.º/IX e XXIX.

A clara insustentabilidade destes pressupostos aponta para a necessidade de limitar o seu alcance ao controlo de monopólios de produção de obras e de tecnologia, quer se trate de monopólios privados, quer se trate de monopólios públicos. Ora, não parece ser este o contexto em que é colocado no Brasil o problema da constitucionalidade das patentes "pipeline".

Acontece até que nos ordenamentos em que a liberdade de iniciativa económica e o princípio da concorrência foram invocados para legitimar a negação ou concessão da propriedade intelectual, os Tribunais Constitucionais não só rejeitaram o apelo a estes princípios como se orientaram em sentido contrário. Foi precisamente o caso do Tribunal Constitucional italiano, que deu o devido relevo à liberdade de iniciativa económica, não para justificar as restrições ao núcleo essencial da propriedade intelectual, mas para considerar inconstitucional a proibição de patenteabilidade dos produtos farmacêuticos[151].

Não deixa de ser esclarecedor que as principais restrições ao "direito de exclusivo" ou de "privilégio" (v.g. licenças obrigatórias) se encontrem em normas relativas aos direitos de autor (cfr. artigo 27.º do TRIPS), que não comportam quaisquer dimensões de protecção económica, mas sim de outros bens constitucionalmente protegidos (v.g. direito à saúde)[152].

---

[151] Assim, *Corte Costituzionale*, decisão de 20 de março de 1978, in *Giurisprudenza Costituzionale*, 1978, p. 446.

[152] O discurso do texto deixa em aberto o campo das análises económicas de activação da concorrência, de forma a neutralizar as estratégias de bloqueio dos

5.2.6. Requisito da inovação e patentes "pipeline"

Um outro argumento com base no qual se têm sustentado a inconstitucionalidade das patentes "pipeline" prende-se com o facto de as mesmas, alegadamente, constituírem uma excepção ao princípio da novidade, não se justificando, por isso, o exclusivo temporário que elas concedem[153].

O artigo 8.º da Lei brasileira da Propriedade Industrial, a Lei n.º 9.279/96, estabelece os requisitos da patenteabilidade. Estes aplicam-se a qualquer invenção que atenda aos requisitos da 1) novidade, 2) actividade inventiva e 3) aplicação industrial. Este artigo faz depender a patenteabilidade do anteriormente mencionado requisito da novidade. Por seu lado, o artigo 11.º estabelece que "[a] invenção e o modelo de utilidade são considerados novos quando não compreendidos no estado da técnica."

De acordo com o § 1.º deste artigo, o estado da técnica "é constituído por tudo aquilo tornado acessível ao público antes da data de depósito do pedido de patente, por descrição escrita ou oral, por uso ou qualquer outro meio, no Brasil ou no exterior", com algumas ressalvas legais. Já anteriormente se viu que os vários ordenamentos jurídicos têm acolhido diferentes conceitos de novidade. Na verdade, como acima se pôde adiantar, a doutrina tem elaborado uma rica taxonomia da *novidade* para efeitos de registo de patentes[154].

---

titulares de direitos patenteados relativamente a iniciativas concorrentes e, consequentemente, incrementou o investimento em investigação e inovação. Cfr. o estudo clássico de Jerome H. Reichman, "Legal Hybrids between the Patent and the Copyright Paradigm", *Columbia Law Review*, 94, 1994, p. 2432 ss. De qualquer modo, não nos parece que sejam as Constituições que, em abstracto, possam "dirigir" a efectivação destes modelos.

[153] Denis Borges Barbosa, Inconstitucionalidade das Patentes "pipeline", *cit.*, p. 22.

[154] A classificação por nós seguida no texto encontra-se em Denis Borges Barbosa, *Uma Introdução a Propriedade Intelectual*, 2.ª ed., Lumen Juris, 2003 e na apresentação de Nuno Carvalho, da Secretaria da OMPI, em http://www6.inpi.gov.br/cursoseseminarios/cursos/docs/NotassobreAlgunsTemasControversos_Nuno_set.07_TRF2.ppt#322,18.

Um primeiro tipo de classificação distingue entre *novidade cognoscitiva ou técnica, novidade económica* e *novidade comercial*. Um segundo tipo de classificação tem em conta o conteúdo ou território do conhecimento anterior. Esta distinção diferencia entre *novidade absoluta* e *novidade relativa*. A novidade absoluta não tem limites espaciais ou temporais, no sentido de que a coisa é nova quando não é nem nunca foi conhecida em algum tempo e lugar. A novidade relativa leva em conta apenas uma determinada região geográfica ou um determinado prazo. Combinando as duas classificações obtemos o seguinte quadro.

A novidade cognoscitiva ou técnica considera nova uma invenção quando a informação que a especifica ainda não foi tornada acessível ao público dentro de certos limites territoriais. Para que exista novidade neste sentido é necessário que o invento não esteja descrito ou ilustrado em nenhum documento do estado da técnica[155]. Esta pode ainda ser absoluta, quando a patente não é concedida se existir qualquer tipo de divulgação técnica antes do depósito da patente, e relativa (quanto ao espaço, quanto ao tempo e quanto aos meios de prova).

Do ponto de vista espacial, a novidade é relativa quando a invenção não tiver sido divulgada no país em questão. Do ponto de vista temporal, a invenção é nova mesmo que: já tenha sido divulgada entre a data do primeiro depósito num país pertencente à União de Paris ou à OMC e o depósito no Brasil, sendo que entre os dois momentos não pode ter passado mais de um ano[156]; já tenha sido

---

[155] Dannemann, Siemsen, Bigler, Ipanema Moreira, *Comentários à Lei da Propriedade Industrial e Correlatos, cit.*, p. 47 ss.

[156] Trata-se aqui da prioridade do artigo 4.º da Convenção de Paris. Esta prioridade foi instituída para resolver os obstáculos enfrentados pelos inventores quando procuravam patentear os seus inventos em diversos Estados e eram confrontados com o requisito da novidade. Nos termos do alínea A) – 1) deste preceito, dispõe-se que "[a]quele que tiver apresentado, em termos, pedido de patente de invenção, de depósito de modelo de utilidade, de desenho ou modelo industrial, de registo de marca de fábrica ou de comércio num dos países da União, ou o seu

exposta numa feira internacional menos de um ano antes do depósito num país da União de Paris ou membro da OMC[157]; ou tenha sido divulgada pelo titular ou por outrem, sem autorização do titular, no prazo de um ano antes da data de depósito no Brasil[158]. Esta solução permitia contornar, de forma razoável, a exigência da novidade da invenção, funcionando como uma derrogação legal à mesma, ainda que não houvesse uma obrigação de concessão da patente[159]. Note-se que a novidade técnica pode ser relativa, nos casos em que a invenção tenha sido divulgada no exterior mas não exista desse facto um meio de prova escrito.

---

sucessor, gozará, para apresentar o pedido nos outros países, do direito de prioridade durante os prazos adiante fixados."

[157] Prioridade do artigo 11.º da Convenção de Paris, onde se dispõe que

"1) Os países da União, nos termos da sua lei interna, concederão protecção temporária às invenções patenteáveis, modelos de utilidade e desenhos e modelos industriais, bem como às marcas de fábrica ou de comércio, em relação aos produtos que figurarem nas exposições internacionais oficiais ou oficialmente reconhecidas, organizadas no território de qualquer deles.

2) Esta protecção temporária não prorrogará os prazos fixados no artigo 4.º Se mais tarde se invocar o direito de prioridade, a Administração de cada país poderá contar o prazo desde a data da apresentação do produto na exposição.

3) Cada país poderá exigir, para prova de identidade do objecto exposto e da data da introdução, os documentos que julgar necessários."

[158] Artigo 12.º da Convenção de Paris, onde se dispõe que "[n]ão será considerada como estado da técnica a divulgação de invenção ou modelo de utilidade, quando ocorrida durante os doze (12) meses que precederem a data de depósito ou a da prioridade do pedido de patente, se promovida:

I – pelo inventor;

II – pelo Instituto Nacional da Propriedade Industrial – INPI, através de publicação oficial do pedido de patente depositado sem o consentimento do inventor, baseado em informações deste obtidas ou em decorrência de atos por ele realizados; ou III – por terceiros, com base em informações obtidas direta ou indiretamente do inventor ou em decorrência de atos por este realizados.

Parágrafo único. O INPI poderá exigir do inventor declaração relativa à divulgação, acompanhada ou não de provas, nas condições estabelecidas em regulamento."

[159] João da Gama Cerqueira, *Tratado da Propriedade Industrial*, vol. II, tomo II, parte III, Rio de Janeiro, Forense, 1956, p. 409 ss.

A novidade económica requer a não industrialização dentro dos referidos limites territoriais, ao passo que a novidade comercial requer a não comercialização, ou seja, a não colocação no mercado. Em ambos os casos, a novidade pode ser absoluta ou relativa, quanto ao espaço e quanto ao tempo. Por exemplo, novidade comercial relativa quanto ao tempo existirá nos casos em que a comercialização ocorreu dentro de um período determinado. Diferentemente, haverá uma novidade comercial absoluta quanto ao tempo quando o invento nunca tenha sido comercializado. Quanto ao espaço, haverá uma novidade comercial relativa quando o invento tenha sido comercializado apenas no exterior, e absoluta quando o mesmo não tenha sido comercializado em qualquer lugar.

Nos mencionados artigos a lei brasileira tende a adoptar a novidade cognoscitiva. Ora, no caso da protecção das patentes "pipeline" não se dispensa-se a averiguação nacional destes requisitos, com especial relevo para o critério da novidade.

Refira-se que, para além da novidade, há ainda que ter em conta o chamado *salto inventivo*, que se considera verificado sempre que um técnico, de acordo com o *Know-how* corrente da especialidade que se considere, não consiga chegar à solução proposta pelo inventor a partir dos ensinamentos geralmente acessíveis[160]. A actividade inventiva exprime a criatividade e o engenho intelectual do ser humano, constituindo um "*plus*" relativamente aos conhecimentos técnicos existente. Este requisito é geralmente considerado como o mais subjectivo de todos. O requisito de aplicação industrial requer que a invenção possa ser produzida ou utilizada em escala industrial, em pelo menos um sector produtivo, para benefício da comunidade[161].

---

[160] Dannemann, Siemsen, Bigler, Ipanema Moreira, *Comentários à Lei da Propriedade Industrial e Correlatos, cit.*, p. 47 ss.

[161] Neste sentido, Gabriel Di Blasi, Mario Soerensen Garcia, Paulo Parente Mendes, *A Patente Industrial: Os Sistemas de Marcas, Patentes e Desenhos Industriais analisados a partir da Lei n.° 9279, de 14 de Maio de 1996*, Rio de Janeiro, Forense, 2002, p. 124 ss.

Sobre a dispensa da averiguação nacional dos requisitos da patenteabilidade, valem, em boa medida, as considerações aduzidas nos pontos anteriores. A mesma justifica-se porque se trata de assegurar a complementaridade entre o direito internacional e o direito interno, reconhecendo na ordem jurídica nacional direitos legitimamente adquiridos em ordens jurídicas estrangeiras, num quadro de igualdade soberana e reciprocidade nas relações económicas e comerciais entre Estados, e de garantia da continuidade dos direitos e obrigações jurídicas. Ponto é que se proceda à comprovação da efectiva obtenção do registo de patente no estrangeiro e que se observem os limites nacionais à patenteabilidade[162]. É à luz das considerações anteriores que deve ser discutida a questão da inconstitucionalidade das patentes "pipeline" com fundamento na sua contrariedade ao requisito da novidade do direito das patentes[163].

Em primeiro lugar, deve sublinhar-se que esta questão não pode ser decidida em abstracto, mas apenas no contexto de um ordenamento jurídico-constitucional concreto. Assim, importa averiguar qual é o lugar que o requisito da novidade ocupa nas normas constitucionais sobre propriedade intelectual e industrial.

Ora, sobre este ponto convém lembrar, antes de mais, que o requisito da novidade não se encontra expressamente previsto na Constituição Brasileira de 1988. Com efeito, o já mencionado artigo 5.° no seu § XXIX, dispõe que "[a] lei assegurará aos autores de inventos industriais privilégio temporário para sua utilização, bem como proteção às criações industriais, à propriedade das marcas, aos nomes de empresas e a outros signos distintivos, tendo em vista o interesse social e o desenvolvimento tecnológico e econômico do País".

---

[162] Maristela Basso, "Patentes "pipeline" e direitos adquiridos", 03/08/2007, artigo publicado em *Valor Económico*, http://www.interfarma.org.br/WEB.UIWEB/visualizarNoticia.aspx?codigo=1880.

[163] Assim o entendeu o Tribunal da Comunidade Andina, na sua decisão No. 1-AI-96, de 30 de outubro de 1996.

Diante deste inciso constitucional afigura-se problemática a afirmação categórica da inconstitucionalidade das patentes "pipeline" por violação do requisito da novidade. É que o mesmo nem sequer consta do teor literal da dita norma constitucional, nem em abstracto, nem em qualquer das suas especificações, dele não se podendo ainda dizer que está implícito nas mesmas. Essa omissão decorre do carácter propositadamente aberto das normas constitucionais, frequentemente compatíveis com diferentes modalidades de concretização. Subjacente à orientação objectivamente seguida pelo legislador constituinte brasileiro parece estar a necessidade de proteger a propriedade intelectual e industrial como factor de desenvolvimento.

A única certeza é que a Constituição chama a si a protecção da propriedade intelectual. Este princípio de protecção da propriedade intelectual é, inclusivamente, elevado ao estatuto de limite material de revisão constitucional, integrando uma *cláusula pétrea* (artigo 60.º IV da Constituição Brasileira). O seu enfraquecimento pode desnaturar a própria identidade da Constituição. Assim, mais do que hipostasiar o requisito da novidade, numa qualquer das suas formulações, o teor literal do referido preceito constitucional coloca o acento tónico no invento em si mesmo[164], enquanto manifestação do valor objectivo da inventividade e factor de desenvolvimento científico, tecnológico e económico, carecido de protecção[165].

O legislador constituinte brasileiro, ao mesmo tempo que deu a primazia ao engenho, ao talento e à criatividade, atributos mentais geradores de informação científica e tecnológica nova, resolveu deixar para o legislador ordinário a definição dos requisitos da patenteabilidade, deixando-lhe uma margem de conformação positiva

---

[164] Nos termos do artigo 13.º da Lei n.º 279/96 "[a] invenção é dotada de atividade inventiva sempre que, para um técnico no assunto, não decorra de maneira evidente ou óbvia do estado da técnica."

[165] Esta mesma orientação foi acolhida pelo Supremo Tribunal norte-americano no caso *Sears, Roebuck & Co. v. Stiffel Co.*, 376 U.S. 225, p. 229-30 (1964).

nessa matéria. O legislador brasileiro permanece livre para, em função dos seus objectivos de política pública, moldar os requisitos da patenteabilidade e, mais especificamente, da novidade, dentro dos limites estabelecidos pelo direito internacional e pelo direito constitucional. Assim se compreende, por exemplo, que na Lei n.º 9.456/97, a Lei de Proteção de Cultivares, o legislador brasileiro tenha adoptado o critério da novidade relativa. De resto, a Convenção da UPOV[166] consagra um regime de novidade relativa, quer quanto ao espaço, quer quanto ao tempo.

Assim se compreende, igualmente, que o legislador, na Lei n.º 9.279/96, ao mesmo tempo que acolheu o princípio da novidade como critério da patenteabilidade, nos artigos 8.º, 1.º1.º e 12.º, também tenha dado guarida à protecção das patentes "pipeline", afastando uma aplicação estrita daquele requisito. Fê-lo, porém, numa atitude deliberada de reforço da protecção da propriedade intelectual no ordenamento jurídico brasileiro e de adequação do mesmo às exigências de igualdade e reciprocidade nas relações económicas e comerciais entre os Estados.

Acresce que, num certo sentido, as patentes "pipeline" respeitam o requisito da novidade. Como anteriormente se disse, este requisito é compatível com diferentes entendimentos. Ora, das patentes "pipeline" pode dizer-se que as mesmas seguem um regime da novidade técnica relativa quanto ao tempo, na medida em que as informações divulgadas antes do depósito do pedido no estrangeiro não poderiam, em princípio, ser aceites. Além disso, respeitam o princípio da novidade comercial absoluta, quanto ao espaço e quanto ao tempo, porque as invenções que tenham sido comercializadas em qualquer tempo e em qualquer lugar, antes do depósito do pedido pipeline, não podem beneficiar da protecção das "pipeline"[167]. Do

---

[166] International Union for the Protection of New Varieties of Plants.

[167] Veja-se, a propósito, as considerações do Painel do Órgão de Resolução de Litígios da OMC, no caso *Canada – Patente Protection of Pharmaceutical Products*, WT/DS114/5(98-4503), de 12 de novembro de 1998, onde se menciona um critério de novidade não estritamente técnico. Nas palavras do Painel, "[a]

mesmo modo, as mesmas cumprem o requisito da novidade industrial absoluta.

Em todo o caso, sempre se poderia dizer que a dependência das patentes "pipeline" relativamente às patentes originárias requeridas no estrangeiro constitui um meio excepcional, mas dotado de credenciação legal suficiente, de garantia da observância do requisito da novidade geralmente válido no direito das patentes. Tratar-se-ia, de acordo com semelhante entendimento, de uma derrogação legal ao princípio da novidade absoluta, inteiramente colocada na disponibilidade do legislador material, territorialmente soberano. Este, no uso dos seus poderes de conformação, pode criar uma patente extraordinária e colocá-la na dependência de uma patente original[168].

Este tipo de derrogação ao princípio da novidade, como se viu acima com a prioridade da Convenção de Paris, está longe de ser uma inovação no direito da propriedade intelectual. Isto sem prejuízo das apontadas diferenças entre o regime jurídico desta prioridade e o das patentes "pipeline".

Tanto basta para se poder concluir, desde logo, que o conceito de novidade, enquanto requisito da patenteabilidade, é compatível com diferentes entendimentos. Como se disse, a Constituição Federal de 1988 não impõe o requisito da novidade como condição de

---

"new drug" is defined in Section C.08.001 of the Food and Drug Regulations as a drug which contains a substance which has not been sold in Canada for a sufficient time and in sufficient quantity to establish its safety and efficacy.4 Thus, "newness" is not tied to novelty, and the category of "new drugs" includes both novel products (such as a drug that has had its novelty and utility recognized by the grant of a patent) as well as drugs that are not novel but are "new" in the sense that the particular version of the drug has not been previously marketed (as in the case of a competing or generic version of a drug that has the same properties as another version, whether patent-protected or not, that has been previously marketed)."

[168] Claudia Marins Adiers, "A Propriedade Intelectual e a Protecção da Biodiversidade e dos Conhecimentos Tradicionais", *Revista de Direito Mercantil*, n.º 124, p. 120.

protecção da propriedade industrial, deixando uma decisão sobre o *se* e o *como* do seu acolhimento ao legislador brasileiro. Este, quer em matéria de propriedade industrial, quer no âmbito dos cultivares, adoptou diferentes concretizações do conceito de novidade, de acordo com as suas opções de política pública.

Ao fazê-lo, o legislador brasileiro não violou com isso qualquer norma de direito constitucional ou qualquer obrigação assumida internacionalmente, antes actuou ao abrigo dos poderes positivos de conformação que lhe são reconhecidos quer pela Constituição, quer pelo Acordo TRIPS.

Poderia, em tese, entender-se que em vez do requisito da novidade o legislador deveria adoptar o critério da prioridade da colocação do produto no mercado. Todavia, à luz das considerações anteriormente expostas, é evidente que este critério imediatamente se mostraria desadequado, na medida em que constituiria um significativo desincentivo à investigação e desenvolvimento de novos produtos farmacêuticos.

5.2.7. *Direitos adquiridos e protecção da confiança*

5.2.7.1. *Direitos adquiridos e admissibilidade das patentes "pipeline"*

Como anteriormente se referiu, a protecção das patentes "pipeline" constitui uma solução de transição a que muitos Estados têm lançado mão no momento em que alteram a sua legislação de forma a passar a admitir a patenteabilidade de produtos farmacêuticos. A mesma visa alargar a protecção a patentes obtidas no estrangeiro por produtos que se encontram em desenvolvimento e que ainda não tenham sido lançados em nenhum mercado em qualquer parte do mundo.

O artigo 5.º § XXXVI da Constituição federal Brasileira de 1988 dispõe que "[a] lei não prejudicará o direito adquirido, o ato jurídico perfeito e a coisa julgada". À luz desta disposição tem sido questionada a constitucionalidade das patentes "pipeline". O argumento em presença fala de um hipotético direito adquirido à utilização do domínio público. Algumas variantes desde argumento falam mesmo de um suposto direito natural à fruição do domínio público, enquanto *res communis omnium*. Uma aplicação deste argumento à propriedade industrial vai ao ponto de falar de um direito natural a copiar os produtos dos concorrentes no mercado[169]. Isto apesar da existência de muitos exemplos, no direito internacional, de regulação ou apropriação exclusiva supervenientes de bens anteriormente considerados "coisas comuns a todos" (v.g. mar territorial, zona contígua, zona económica exclusiva, plataforma continental, fundos marinhos)[170].

Este tipo de argumentos esgrimidos contra a lei garantidora das patentes "pipeline" tem subjacente a ideia de utilização livre e gratuita das obras caídas no domínio público por caducidade dos direitos de autor ou dos direitos de invenção. Haveria, assim, contra as convenções internacionais, uma liberdade de circulação das patentes excludente do direito de exclusivo por parte dos seus inventores. Como é bem de ver, a argumentação dá como demonstrado o que é preciso demonstrar, ou seja, que as patentes registadas no estrangeiro constituiriam, sem mais, um domínio público a que todos e cada um teriam acesso. A formulação do argumento desloca-se, em face da radicalidade insustentável da posição anterior, no sentido da defesa da liberdade de utilização, por caducidade do direito de invenção.

A contradição é ainda maior, pois pressupõe-se que já houve um exclusivo de utilização por parte dos proprietários da patente, a que sobreveio um domínio público por caducidade do direito de exclusivo. Mas, se até à Lei n.º 9.279/96 não se admitia no Brasil o direito a registar patentes farmacêuticas, ou seja, o direito dos inventores de patentes como um "direito patenteável", não se vê como é que se pode falar de um domínio público emergente da caducidade

---

[169] Denis Borges Barbosa, *Inconstitucionalidade das Patentes "pipeline"*, cit., p. 23.

[170] Jónatas E.M. Machado, *Direito Internacional...*, cit., p. 198 ss.

de um direito que nunca pôde ser exercido. O que na realidade se passava é que havia contrafacção ou cópia de produtos concorrentes no mercado.

De qualquer modo, enfrentemos a questão dos *direitos adquiridos*. O tópico nem sempre é iluminado nas discussões em torno das patentes "pipeline", mas a ter em conta alguns dos trabalhos referentes ao tema, parece deduzir-se que os direitos adquiridos são posições jurídicas, títulos, privilégios, propriedade individual, garantidos como direitos subjectivos dos cidadãos[171]. No contexto da discussão, as patentes "pipeline" seriam verdadeiros actos de expropriação desses direitos. Por outras palavras: o direito dos cidadãos adquirirem produtos farmacêuticos colocados no mercado mediante "cópia" ou contrafacção de produto patenteados no estrangeiro radicar-se-ia como direito subjectivo, mesmo contra quaisquer intervenções legislativas incorporadoras de normas constantes de tratados ou acordos internacionais cerceadoras deste direito.

Para outros, o problema não se reconduziria a uma questão de direitos adquiridos, mas sim à ideia de continuidade jurídica da situação de "não patenteabilidade" de invenções registadas no estrangeiro. A continuidade jurídica transmutar-se-ia em bem jurídico normativamente protegido pela ordem constitucional como valor objectivo. Noutras formulações, a acentuação coloca-se na *protecção da confiança* e da *segurança jurídica* contra normas retroactivas lesivas dos direitos dos particulares. Como se vê, a doutrina defensora da inconstitucionalidade das patentes acaba por cair em grandes dificuldades dogmáticas. Por uma questão de seriedade retórica analisaremos com mais pormenor este feixe de argumentos.

5.2.7.2. *Segurança jurídica e protecção da confiança*

A abordagem desta problemática deve começar pelo reconhecimento de que o princípio da segurança jurídica e da protecção da

---

[171] Sobre a história dos *jura quaesitae*, Winfred Schulz, "Standische Gesellschaft und Individualrechte", in G. Birtsch, (org.), *Grund- und Freiheitsrechte von der ständischen zur spätburgerlichen Gesellschaft*, 1987.

confiança dos cidadãos constitui uma concretização incontornável do princípio do Estado de direito. O mesmo condiciona a margem de manobra do legislador democrático[172]. Embora não possa garantir uma absoluta estabilidade do ordenamento jurídico, incompatível com a dinâmica do sistema social e com a necessária actualização dos quadros normativos, o princípio do Estado de direito pretende tutelar um grau razoável de certeza e segurança das pessoas quanto aos direitos e expectativas legitimamente criados no desenvolvimento das relações jurídicas.

Uma das funções do ordenamento jurídico consiste em reduzir a incerteza que rodeia a interacção humana ao mesmo tempo que se adapta às novas realidades. Trata-se de ponderar diferentes interesses em colisão e encontrar o justo equilíbrio[173]. Por um lado, temos os interesses daqueles que se sentem confortáveis com um determinado quadro normativo. Por outro lado, temos os interesses da governação, que requerem a adaptação dos quadros normativos vigentes às novas realidades políticas, jurídicas, económicas, sociais e culturais[174].

O princípio da segurança jurídica e da protecção da confiança pretende responder a este tipo de conflito. De acordo com tal princípio, não é consentida uma normação que, pela sua natureza, afecte de forma grave, inadmissível, intolerável, arbitrária ou desproporcionalmente onerosa aqueles mínimos de segurança e certeza que as pessoas, a comunidade e o direito têm de respeitar. Isso significa que

---

[172] J.J. Gomes Canotilho, Vital Moreira, *Constituição da República Portuguesa Anotada*, I, 4.ª ed. Revista, Coimbra, 2007, p. 39; Winfred Schulz, "Standische Gesellschaft und Individualrechte", *cit.*. Este entendimento, desde há muito consolidado na doutrina e na jurisprudência constitucionais, foi também acolhido pela jurisprudência comunitária, no acórdão do Tribunal de Primeira Instância, de 16 de setembro de 1999, no processo T-182/96, que explicitamente associou a protecção da confiança ao princípio da segurança jurídica.

[173] Jill E. Fisch, "Retroactivity and Legal Change: An Equilibrium Approach, *Harv. L. Rev.*,110 1997, p. 1067.

[174] Harold J. Krent, "The Puzzling Boundary Between Criminal and Civil Retroactive Lawmaking", *Georgetown Law Journal*, 84, June,1996, p. 2143.

a noção de retroactividade não pode ser usada em sentido pejorativo. A retroactividade não é, em si mesma, ilegítima.

Normalmente, o princípio da segurança jurídica e da protecção da confiança dos cidadãos coloca problemas juridicamente delicados quando se está diante de normas retroactivas, susceptíveis de afectar negativamente as expectativas estabilizadas dos cidadãos[175]. A retroactividade define-se como a alteração do estatuto jurídico de um acto praticado antes de a norma entrar em vigor. Para bem compreender o problema da retroactividade das normas, é importante ter em conta que estas apresentam, de um modo geral, uma estrutura dualista e condicional: compreendem uma parte onde consta a *previsão*, em que se determinam os *pressupostos de facto* da norma; e uma outra parte contendo a *estatuição*, onde está consagrada a *consequência jurídica*.

Tendo como base o critério da distinção entre pressupostos de facto e consequência jurídica, é possível diferenciar entre dois tipos de retroactividade. A retroactividade será *inautêntica* (*unechte Rückwirkung*; *weakly retroactive laws*) quando só os pressupostos de facto se referem a eventos ocorridos ou iniciados no passado[176]. Nesse caso fala-se também em retrospectividade, ou retroactividade imprópria ou secundária. Diferentemente, a retroactividade será *autêntica (echte Rückwirkung; strongly retroactive laws)* quando as consequências jurídicas se reportarem ao passado e forem positivamente conformadas pelo decurso do tempo[177]. Alguma doutrina fala, neste contexto, de retroactividade própria ou primária.

Refira-se que não é fácil distinguir, na prática, entre retroactividade autêntica e inautêntica, na medida em que nem sempre é cla-

---

[175] Iñigo Sanz Rubiales, "El Principio de Confianza Legitima, Limitador del Poder Normativo Comunitario", *Derecho Comunitario Europeo*, 7, año 4, Enero/Junio 2000, p. 92.

[176] J.J. Gomes Canotilho, *Direito Constitucional e Teoria da Constituição*, 7.ª ed., Coimbra, 2006, p. 259 ss., 456 ss.

[177] J. Gomes Canotilho, Vital Moreira, *Constituição da República Portuguesa Anotada, cit.*, p. 394; Daniel E. Troy, "Toward a Definition and Critique of Retroactivity", *Ala. L. Rev.*, 51 Spring 2000, p. 1334 ss.

ramente perceptível o modo como factos ocorridos no passado se reflectem na consequência jurídica[178]. Do mesmo modo, também emergem dificuldades na distinção entre normas prospectivas e normas retrospectivas, na medida em que muitas normas não fazem uma referência expressa a pressupostos de facto ocorridos no passado, embora acabem, directa ou indirectamente, por tê-los em conta para a determinação das consequências jurídicas nelas previstas.

Uma boa parte da legislação acaba mesmo por ser retrospectiva, afectando inevitavelmente *transferências de valor* ocorridas no passado, pelo que a avaliação da retroactividade e dos seus efeitos acaba por se reconduzir a uma questão de grau e envolver uma delicada ponderação de interesses. Isto mesmo tem sido reconhecido no plano europeu, mais propriamente no âmbito do direito comunitário, em que se considera que as normas que modificam uma disposição legislativa se aplicam, salvo derrogação expressa, aos efeitos futuros de situações nascidas sob o império da lei antiga. Ou seja, no direito comunitário a retrospectividade ou retroactividade inautêntica é assumida como regra, sendo a aplicação do princípio da segurança jurídica e da protecção da confiança merecedora de maiores cautelas[179].

Refira-se que alguma doutrina e jurisprudência utiliza a distinção entre retroactividade autêntica e inautêntica como sinónimo da diferenciação entre retroactividades fortes, médias e fracas, embora não se esteja rigorosamente diante da mesma realidade.

O princípio da segurança jurídica e da protecção da confiança dos cidadãos, por referência ao qual se discute a problemática dos direitos adquiridos, releva com especial acuidade na sucessão de leis

---

[178] Charles B. Hochman, "The Supreme Court and the Constitutionality of Retroactive Legislation", *Harv. L. Rev.*, 73, p. 692, abordando a distinção entre retroactividade autêntica e inautêntica no contexto da jurisprudência constitucional norte-americana.

[179] Acórdão do Tribunal de Justiça das Comunidades Europeias, no caso *Westzucker*, de 4 de julho de 1973, Ac. 1/73. Sobre esta jurisprudência, Iñigo Sanz Rubiales, "El Principio de Confianza Legitima, *cit.*, p. 109 ss.

no tempo[180]. De um modo geral, a retroactividade é admitida pelo direito. Os domínios em os ordenamentos jurídicos são mais rigorosos em matéria de proibição da retroactividade são os seguintes: normas penais de conteúdo menos favorável ao arguido, normas sancionatórias em geral, restrições aos direitos, liberdades e garantias e, nalguns casos, normas tributárias[181].

Em todo o caso, uma proibição absoluta da retroactividade tende a ser reservada para os casos de normas autenticamente retroactivas, de natureza penal, de conteúdo menos favorável ao arguido. O mesmo se passa em matéria de restrições aos direitos fundamentais dotadas de retroactividade autêntica. Nos demais casos, tende a admitir-se a retrospectividade, isto é, a retroactividade de pressupostos de facto, e mesmo a retroactividade autêntica, a menos que daí resulte uma violação grave, intolerável, arbitrária e desproporcional das expectativas legítimas, inaceitável à luz do princípio da segurança jurídica e da protecção da confiança dos cidadãos.

De um modo geral não é afastada a possibilidade de retroeficácia autêntica e inautêntica em domínios não penais, tributários ou restritivos de direitos, liberdades e garantias. Na verdade, o direito constitucional contemporâneo costuma manifestar uma maior indulgência relativamente à retroactividade da legislação económica, considerando que a retroactividade, por si só, não põe em causa a relação de racionalidade e proporcionalidade que deve existir entre os objectivos económicos prosseguidos e os meios legislativos utilizados na prossecução desses objectivos[182].

Quando exista protecção constitucional dos direitos adquiridos, a avaliação da retroactividade ou retrospectividade da nova legislação deve ponderar a natureza e o peso do interesse servido pelo novo

---

[180] Parecer n.º P000771993 da Procuradoria Geral da República Portuguesa.

[181] Michael Sachs (ed.), *Grundgesetz Kommentar*, 3.ª ed., München, 2003, p. 2046 ss.

[182] Harold J. Krent, "The Puzzling Boundary Between Criminal and Civil Retroactive Lawmaking", *cit.*, p. 2150.

quadro normativo, a medida em que esse novo quadro afecta a pretensão de direito adquirido e a natureza jurídica do direito ou expectativa realmente em causa[183]. Aplicando estes critérios à avaliação das patentes "pipeline", isso significa ter em conta os seguintes aspectos.

5.2.7.2.1. Relatividade dos direitos adquiridos

Em primeiro lugar, a protecção dos direitos adquiridos, à semelhança do que sucede com todos os demais direitos e bem jurídicos constitucionalmente consagrados, não é absoluta nem pode ser de todo subtraída a um processo de ponderação de bens jurídicos em confronto. Mesmo que os direitos adquiridos sejam dignos de tutela constitucional, isso não tem necessariamente que significar um grau máximo de tutela, isto é, uma radical intangibilidade dos direitos adquiridos.

O princípio da segurança jurídica e da protecção da confiança não é uma regra definitiva aplicável de acordo com uma lógica de "tudo ou nada", mas antes um princípio aberto a ponderações com outros princípios, compatível com diferentes graus de concretização[184]. Não poderia ser de outro modo à luz de um direito, como o direito constitucional, nascido ele mesmo da luta pela afirmação de princípios de justiça contra os *iura quesitae*. Não existem direitos absolutamente imponderáveis nos ordenamentos jurídicos, não podendo esse estatuto ser reclamado pelos *direitos adquiridos*.

Nesse processo de ponderação entram, para além dos interesses que conduzem à necessidade de alteração de um regime jurídico, a consideração do objectivo de não criar uma coexistência de estatutos jurídicos diferentes para relações jurídicas do mesmo tipo, sendo uns regidos pela lei antiga e outros regidos pela lei nova[185].

---

[183] Charles B. Hochman, "The Supreme Court...", *cit.*, p. 697.

[184] Robert Alexy, *Theorie der Grundrechte*, Frankfurt am Main, 1986, p. 77 ss.

[185] Fernando José Bronze, *Introdução ao Direito*, Coimbra, 2006, p. 836 ss.

Essa ponderação estará necessariamente sujeita aos princípios da constitucionalidade dos fins, da proporcionalidade dos meios, da segurança jurídica e da salvaguarda do conteúdo essencial dos direitos em presença. No entanto, a mesma traduz-se numa relativização dos bens jurídicos em colisão. Tem sido esta necessidade de ponderação de bens que tem levado a uma interpretação restritiva da proibição de retroactividade por grande parte da doutrina e da jurisprudência constitucionais[186].

5.2.7.2.2. *Intensidade da retroactividade e direitos adquiridos*

Em segundo lugar, essa protecção não pode ser desligada da diferente intensidade das normas retroactivas cuja proibição se reclama. E aí há que introduzir uma outra distinção dos vários tipos de retroactividades, tomando como critério, não já a diferenciação entre *pressupostos de facto* e *consequência jurídica* da norma, mas o *grau de consolidação* alcançado pelas situações fácticas e jurídicas ocorridas no passado.

De acordo com este critério, deve distinguir-se entre *retroactividades fracas* (quando a norma é aplicável a casos pendentes e situações jurídicas não litigiosas ainda em aberto), *retroactividades médias* (quando a norma pretende ser aplicável a situações jurídicas consolidadas por negócio jurídico inimpugnável, acto administrativo inimpugável, acordo homologado pelo tribunal, etc.) e *retroactividades fortes* (para os casos em que se procuram retirar novos efeitos da existência de casos julgados ou promover a reabertura e reapreciação de casos que tinham sido objecto de decisão judicial transitada em julgado).

É evidente que nestes casos o problema da protecção dos direitos adquiridos coloca-se com especial acuidade diante de normas

---

[186] Por exemplo, no direito norte-americano, as cláusulas constantes dos artigos I, § 9, cl. 3; ie art. I, § 10, cl. 1., proibindo a legislação *ex post facto*, têm sido interpretadas restritivamente como aplicando-se apenas em matéria de sanções penais. Neste sentido, Daniel E. Troy, "Toward a Definition and Critique of Retroactivity", *cit.*, p. 1350.

jurídicas que pretendam ter um efeito retroactivo médio ou forte, por atingirem posições jurídicas que obtiveram já níveis menores ou maiores de definitividade no sistema.

O mesmo não pode ser discutido relativamente a retroactividades fracas, relativamente às quais não existe nenhuma decisão definitiva, sob pena de petrificação do ordenamento jurídico (sem prejuízo da liberdade de que o legislador goza na protecção de expectativas ainda não individualizadas através de qualquer acto juridicamente relevante). E mesmo no caso das retroactividades médias, é duvidoso que exista uma absoluta proibição da restrição de direitos adquiridos, desde que devidamente fundamentada do ponto de vista da harmonização de bens jurídicos em confronto.

Deve, antes de mais, adoptar-se um procedimento constitucionalmente adequado de ponderação proporcional de bens. Além disso, mesmo nestes casos há que ponderar a alteração superveniente de circunstâncias fácticas e normativas (v.g. alteração dos pressupostos políticos, jurídicos, económicos e financeiros, a nível nacional e internacional) em termos que venham justificar a introdução de um novo enquadramento normativo.

5.2.7.2.3. *Direitos adquiridos e meras expectativas*

Em terceiro lugar, a doutrina e a jurisprudência tendem a sublinhar uma menor resistência à alteração legislativa superveniente, através de normas retroactivas ou retrospectivas, por parte de situações jurídicas gerais e estatutárias, não individualizadas por acto jurídico concreto e determinado, de direito público ou privado, como sejam um acto administrativo, um contrato, um direito de participação social, um título de crédito[187].

De acordo com este entendimento, a doutrina dos direitos adquiridos só valeria para aqueles casos em que determinados direitos subjectivos tenham sido actual e efectivamente incorporados na

---

[187] João Baptista Machado, *Introdução ao Direito e ao Discurso Legitimador*, 12a reimp., Coimbra, 2000, p. 234 ss.

esfera jurídica de um particular, não sendo relevante quando estejam em causa apenas meras expectativas ou um quadro de opções de comportamento potencial ou hipotético. Caso contrário, o *status quo* transformar-se-ia num "viveiro" de direitos adquiridos, resultado manifestamente absurdo e juridicamente insustentável[188].

Em sentido contrário, deve entender-se que a mera alteração geral e abstracta de um dado regime jurídico, mesmo que com incidência no exercício de liberdades fundamentais ou de expectativas estabilizadas, não é, por si só, suficiente para violar direitos adquiridos, desde que não atente de forma grave, intolerável, arbitrária e desproporcional contra o princípio da segurança jurídica e da protecção da confiança dos cidadãos.

O apelo a "direitos adquiridos difusos", pertencentes a toda uma comunidade política de forma abstracta, resultantes de uma omissão legislativa, é também manifestamente insuficiente para pôr em causa a possibilidade de alterações supervenientes das circunstâncias normativas e regulatórias.

Este aspecto é especialmente importante no caso das *normas retrospectivas*. Na verdade, não é sustentável que o âmbito de protecção do princípio da protecção da confiança possa impedir, em ter-

---

[188] Em sentido convergente, BRASIL. Tribunal Regional Federal da 2.ª Região. Remessa Ex Officio n° 2001.51.01.538343-1. Autora: Mycogen Plant Science Inc. Réu: Instituto Nacional da Propriedade Industrial – INPI. Relator: Desembargadora Liliane Roriz. Rio de Janeiro, 28 de março de 2007. D.J.U. de 20 de abril de 2007, p. 84-85, sustentando que "não existe direito adquirido à alteração de regime jurídico disciplinado em lei." Mais se entendeu que "a natureza do direito adquirido é eminentemente individual, vinculada ao patrimônio econômico de pessoas físicas ou jurídicas, de direito público ou privado, não se podendo conceber direito adquirido da sociedade como um todo, de forma indistinta, com base em previsão de exercício meramente hipotético. Digo hipotético, porque os casos concretos de uso ou intenção de uso patentário que já estivessem em processo de utilização ou em vias de sê-lo, por ocasião da transição do regime (que as tinha em domínio público) – foram devidamente resguardadas pelo legislador, que condicionou a revalidação das 'pipelines' à inexistência de atos que denotassem uso potencial ou efetivo, conforme se confere no caput do artigo 230, in fine."

mos gerais, a aplicação de uma norma jurídica aos efeitos futuros de situações iniciadas no passado, ao abrigo de um quadro normativo anterior[189]. Este ponto é tanto mais relevante quanto mais previsível seja a alteração futura de um regime jurídico.

No caso em análise, a evolução do comércio mundial e do direito internacional da propriedade intelectual e industrial, a duração prolongada das negociações da Ronda do Uruguai sobre propriedade intelectual e industrial, a aplicação de medidas de retaliação comercial ao Brasil por parte dos Estados Unidos, a entrada em vigor do Acordo TRIPS, etc., eram, no seu conjunto, factores que impediam a estabilização de uma expectativa razoável e fundada de permanência do regime jurídico de 1971, assente na denegação da patenteabilidade aos produtos farmacêuticos. Na verdade, a origem do Acordo TRIPS encontra-se na Conferência Ministerial de 1986 de Punta del Este, já para não falar da acima mencionada reunião ministerial de 1982 no âmbito do GATT.

Por outras palavras, o regime jurídico introduzido pela Lei n.º 9.279/96 deriva de uma profunda alteração das circunstâncias jurídicas nacionais e internacionais, alteração essa que pretendeu resolver problemas pré-existentes de insuficiente protecção da propriedade intelectual e industrial no Brasil, sendo por isso inteiramente previsível por parte dos operadores do sector razoavelmente informados e prudentes[190]. Assim sendo, dificilmente a expectativa

---

[189] Em sentido convergente se pronunciou o Tribunal de Justiça das Comunidades Europeias, nos casos *Delacre e outros c. Comissão* (C-350/88), de 14 de fevereiro de 1990; e *Espanha c. Conselho* (203/86), de 20 de setembro de 1988.

[190] Subjacente à retórica argumentativa do texto encontra-se a distinção, formulada por Iñigo Sanz Rubiales, "El Principio de Confianza Legitima...", *cit.*, p. 114, autor que diferencia entre vários níveis de previsibilidade e confiança legítima. Segundo este autor, haveria tês hipóteses possíveis: 1) a nova norma resulta de uma alteração de ponto de vista do legislador, caso em que seria, em princípio, imprevisível; 2) a nova norma resulta de uma alteração de circunstâncias, sendo previsível para o operador económico prudente; 3) a nova norma tem por objectivo resolver problemas pré-existentes, sendo previsível para todos os operadores do sector.

social – não juridicamente individualizada, nem facticamente fundamentável – de ganhos futuros à custa da violação dos direitos de propriedade intelectual de outrem poderia ser um candidato positivo indiscutível e incontroverso à categoria de direitos adquiridos, imunes à alteração retrospectiva do quadro legislativo.

Esta orientação tem certamente importantes reflexos na tentativa de aplicação do artigo 5.º § XXXVI da Constituição de 1988 às "patentes "pipeline"". É que ela obriga a uma interpretação contida e prudente da protecção dos direitos adquiridos, de forma a impedir uma posição de excessiva rigidez por parte destes direitos no confronto com outros direitos e bens jurídicos, igualmente dignos de protecção constitucional.

No entanto, mesmo esta orientação restritiva, para além de ter o defeito de nem sempre permitir distinguir com clareza um *direito adquirido* de uma *mera expectativa*, tem sempre associado o risco de uma excessiva expansão do conceito de *jura quesitae* e da respectiva manipulabilidade, petrificando o ordenamento jurídico diante de exigências constitucionais, jus-internacionais, políticas, sociais, económicas e culturais de actualização permanente dos regimes jurídicos[191].

Acresce que, mesmo no caso de direitos adquiridos perfeitamente individualizados, por acto jurídico público ou relação contratual, não está liminarmente excluída a hipótese de introdução superveniente, por lei retroactiva, retrospectiva ou mesmo prospectiva, de restrições à autonomia privada fundadas em considerações de interesse público.

A isso podem obrigar alterações do quadro constitucional vigente ou obrigações assumidas no âmbito do direito internacional. Nestes casos, mesmo direitos individualmente adquiridos poderão ter que ceder diante das novas exigências normativas, eventualmente dando lugar a uma compensação pecuniária no caso de se

---

[191] Em sentido convergente, Fernando José Bronze, *Introdução ao Direito*, *cit.*, p. 842.

verificarem os pressupostos decorrentes dos princípios de direito ressarcitório[192].

Em todo o caso, e no seguimento das razões expendidas também em segundo lugar, no domínio do direito das patentes tende a adoptar-se uma protecção do "uso anterior" de um produto, embora numa interpretação restritiva desse uso, limitando este à pessoa que era detentora da invenção antes da introdução do pedido de patente pelo futuro patenteado, de forma a proteger apenas aqueles que, de boa fé, estavam a usar efectivamente o produto ou estavam a fazer esforços efectivos e sérios para um tal uso[193].

Na verdade, o artigo 230.° da Lei n.° 9.279/96 nega a protec- das patentes "pipeline" se o respectivo objecto tiver sido colocado em qualquer mercado, por iniciativa directa do titular ou por terceiro com o seu consentimento, ou tenham sido realizados, por terceiros, no Brasil, sérios e efectivos preparativos para a exploração do objecto do pedido ou da patente. A mesma já é razoavelmente sensível à protecção de direitos adquiridos, e mesmo de meras expectativas que se possam ter consolidado de forma individualizada, embora sem ir ao ponto de proteger todas as hipotéticas e difusas oportunidades de negócio da indústria farmacêutica brasileira.

5.2.7.2.4. *Alteração retrospectiva do quadro regulatório*

Em quarto lugar, o princípio da segurança jurídica e da protecção da confiança dos cidadãos não pode ser visto como conferindo um direito adquirido à estabilidade de um determinado regime jurídico ou à tutela de quaisquer interesses estabilizados. É que, se

---

[192] Um exemplo disso, pode ver-se no que diz respeito à extensão de patentes, motivada por atrasos no processo de licenciamento sanitário, em que o legislador norte-americano previu a compensação das empresas farmacêuticas lesadas pela extensão das patentes, até um certo montante pecuniário. Sobre este ponto, Shilpa Patel, "Patent Fairness Act of 1999...", *cit.*, p. 153 ss.

[193] Veja-se, neste sentido, a referida decisão no caso *Canada, – Patent Protection of Pharmaceutical Products*, WT/DS114/5(98-4503), decisão de 12 de novembro de 1998.

assim fosse, a própria constitucionalidade das normas prospectivas poderia estar em causa. Para além dos casos de *prospectividade real*, em que, formal e materialmente, os pressupostos de facto e as consequências jurídicas valem para o futuro, existem casos de *prospectividade aparente*, quando, apesar da prospectividade formal da norma, se verifica, no plano material, uma significativa alteração do valor económico de investimentos realizados no passado, com um nítido impacto sobre as expectativas estabilizadas.

Nalguns casos, normas prospectivas podem ser mais onerosas da confiança do que normas retroactivas[194]. Assim sucede, por exemplo, relativamente a normas que criam impostos com efeitos para o futuro, que nacionalizam ou expropriam propriedade privada, que alteram os pressupostos do funcionamento dos mercados, que combatem a cartelização, as concentrações monopolistas ou os abusos de posição dominante, que alteram um determinado quadro regulatório num dado sector da economia, que estabelecem novos parâmetros técnicos de segurança ou de eficiência energética para a construção de veículos, que substituem um modelo regulatório de utilização de bens públicos por uma *regulação orientada para o mercado* (*market oriented regulation*)[195], que criam direitos de propriedade sobre frequências do espectro radioeléctrico anteriormente pertencentes ao domínio público, etc.[196].

---

[194] Louis Kaplow, "An Economic Analysis of Legal Transitions", *Harv. L. Rev.*, 99, 1986, p. 515-19; Jill E. Fisch, "Retroactivity and Legal Change...", *cit.*, p. 1069, chamando a atenção para o facto de que ""a rule that retroactively imposes a million dollars in liability ... for past pollution activities has the same wealth effect as the nominally prospective adoption of stricter emissions controls that reduce the value of the manufacturer's factory by a million dollars."

[195] Christopher McCrudden, "Regulation and Deregulation: An Introduction", *Regulation and Deregulation, Policiy and Practice in the Utilities and Finantial Services Sector* (Christopher McCrudden, ed.), Oxford, 1999, p. 3 ss.

[196] Neste mesmo sentido, Celso António Bandeira de Mello, *Ato Administrativo e Direito dos Administrados*, Editora Revista dos Tribunais, São Paulo, 1981, p. 110 ss. Nas suas palavras, "Teria sentido alguém pretender se opor à alteração das regras do imposto de renda, arguindo direito adquirido àquelas normas que vigiam à época em que se tornou contribuinte pela primeira vez? Teria sen-

Ou seja, num certo sentido, mesmo as normas prospectivas podem ter, de facto, consequências retroactivas. Muita da legislação que entra em vigor pode impor custos e criar benefícios. Com isto não se vai ao ponto de sustentar que em matéria económica a incerteza legislativa é em tudo idêntica à incerteza do mercado (v.g. preços das matérias primas, flutuações na bolsa de valores), como é defendido por alguma *análise económica da retroactividade*[197].

Do mesmo modo, não se põe em causa o valor essencial da previsibilidade e da calculabilidade no funcionamento do sistema social em geral e do sistema económico em particular. No entanto, o legislador e o regulador podem legitimamente criar novos enquadramentos jurídicos que alteram substancialmente a estrutura de incentivos, nomeadamente procurando aperfeiçoar o funcionamento do mercado, promover o investimento privado e a inovação e criar condições para a expansão da actividade comercial. Nisso consiste o essencial da sua função.

No domínio da legislação económica, embora a calculabilidade e a previsibilidade sejam valores fundamentais, são frequentes os casos em que o legislador vem corrigir *a posteriori* o modelo anterior para que o mercado seja suficientemente flexível e dinâmico[198]. Nestes casos, mesmo a legislação prospectiva pode eliminar oportunidades económicas, como sucedia no caso da inexistência da protecção de patentes farmacêuticas no Brasil.

---

tido invocar direito adquirido para obstar a aplicação de novas regras concernentes ao serviço militar, argumentando que o regime vigorante era mais suave quando o convocado completou 18 anos? Acaso poderia um funcionário, em nome do direito adquirido ou do ato jurídico perfeito, garantir para si a sobrevivência das regras funcionais vigentes ao tempo em que ingressou no serviço público, quais as concernentes às licenças, adicionais etc.? Seria viável alguém invocar direito adquirido a divorciar-se, se a legislação posterior a seu casamento viesse a extinguir este instituto jurídico? Ou, reversamente, teria direito adquirido à indissolubilidade de vínculo se lei nova estabelecer o divórcio?"

[197] Matthew A. Schwartz, "A Critical Analysis of Retroactive Economic Legislation: A Proposal for Due Process Revitalization in the Economic Arena", *Seton Hall Constitutional Law Journal*, 9, 1999, p. 975.

[198] Iñigo Sanz Rubiales, "El Principio de Confianza Legítima...", *cit.*, p. 94.

Quando isso acontece, a protecção da confiança dos cidadãos é normalmente alcançada mediante a adopção de períodos de transição e a adopção de mecanismos razoáveis de protecção de direitos adquiridos, desde que legítimos e bem delimitados, como sucedeu com o artigo 230.º da Lei n.º 9.2279/96. Esta protecção dos direitos adquiridos não é, no entanto, absoluta, como já teve ocasião de se afirmar. Do mesmo modo, não se pode esperar que o Estado compense os cidadãos por todo e qualquer prejuízo decorrente de uma alteração do quadro normativo geral[199].

Todavia, em casos mais graves, intoleráveis e desproporcionais de violação da protecção da confiança, pode haver lugar à compensação pecuniária por danos causados, caso se verifiquem os necessários pressupostos. A verdade é que o princípio do Estado de direito não pode oferecer uma segurança jurídica absoluta, devendo os cidadãos esperar a existência de alterações legislativas.

A razão pela qual o Acordo TRIPS estabeleceu regimes de transição nos artigos 65.º e 70.º prende-se com o reconhecimento de que a implementação desta convenção internacional não deixaria de poder implicar alterações mais ou menos profundas nos instrumentos regulatórios, com inevitável impacto no *status quo*. A alteração da estrutura de incentivos, no sentido de estimular a investigação e o desenvolvimento, é uma finalidade inteiramente legítima para um legislador responsável, tanto mais quanto é essencialmente dessa estrutura (e não do destino, da educação, dos genes ou do nível de inteligência) que depende a maior ou menor inventividade dos povos[200].

---

[199] Isto mesmo afirmou o Supremo Tribunal norte-americano, no caso *Pennsylvania Coal v. Mahon*, 260 U.S. 393, 413 (1922). Nas suas palavras, "Government hardly could go on if to some extent values incident to property could not be diminished without paying for every such change in the general law.

[200] Robert M. Sherwood, *Intellectual Property and Economic Development* (1990), http://www.kreative.net/ipbenefits/iped/body 9 chapter.htm.

5.2.7.2.5. *Correcção retrospectiva de situações de omissão ou defeito de protecção*

Em quinto lugar, a protecção dos direitos adquiridos, mesmo quando devidamente individualizados por qualquer título jurídico, não pode abstrair da questão da legitimidade substantiva ou justiça material dessa aquisição, quer à luz do direito constitucional, quer em face do direito internacional dos direitos humanos. Assim, por exemplo, pode ser relevante saber se esses direitos foram ou não adquiridos com base na negação dos direitos de outrem. Ora, no caso presente, o novo regime legal pretendeu reforçar a protecção intelectual dos inventores de produtos farmacêuticos e acabar com a prática do enriquecimento das indústrias de cópia à custa do esforço inventivo, do investimento financeiro e do risco económico suportado por outros, que viam o *conteúdo essencial* dos seus direitos de propriedade intelectual totalmente preteridos[201].

Na verdade, a ausência de protecção legal das patentes de produtos farmacêuticos constituía, em si mesma, uma violação do artigo 5.º § XXIX, da Constituição federal de 1988, que a figura "pipeline" pretendeu atenuar. Nesta matéria o regime legal de 1971, pelo menos a partir de 1988, enfermava de uma verdadeira inconstitucionalidade superveniente por acção, ou, se se quiser, noutra formulação, de uma inconstitucionalidade superveniente por omissão parcial. Dessa omissão de protecção jurídica resultavam prejuízos pessoais e económicos relevantes para os titulares dos direitos violados.

A não patenteabilidade dos produtos farmacêuticos atentava contra os direitos pessoais e patrimoniais dos inventores, quer

---

[201] Neste sentido, Clémerson Merlin Cléve, Melina Brekenfeld Reck, "A repercussão, no regime da patente de pipeline...", *cit.*, p. 24, chamando a atenção para o facto de que "a mera proibição de patenteabilidade de produtos farmacêuticos e químicos, adoptada pela lei de 1971, importava o sacrifício total do direito do inventor, da industria, bem como da promoção da pesquisa cientifica e técnica, não realizando um adequado balanceamento dos bens e afrontando, assim, o disposto no artigo 5°, XXIX, dai sua incompatibilidade com a Constituição de 1988".

quando negava o reconhecimento pessoal da sua qualidade de inventor, quer quando comprometia a remuneração devida pelo seu esforço inventivo. Além disso, ela discriminava os inventores de produtos farmacêuticos relativamente aos demais inventores, em clara violação dos princípios da igualdade.

Esta restrição dificilmente poderia ser justificada com base em razões de saúde pública, na medida em que existem outras alternativas que, além de serem menos restritivas dos direitos de propriedade intelectual, favorecem a investigação e o desenvolvimento sustentados no sector farmacêutico, com vantagens para a saúde pública a longo prazo[202]. O direito fundamental à saúde, consagrado no artigo 196.º da Constituição Federal, não pode ser protegido à custa do núcleo essencial do direito de propriedade intelectual dos inventores de produtos farmacêuticos, igualmente protegido por esta Lei Básica e por tratados internacionais juridicamente vigentes na ordem jurídica brasileira. Neste sentido, a figura jurídica das patentes "pipeline" não deixa de ser uma solução transitória legítima, na medida em que procura minimizar os danos presentes de uma violação inconstitucional dos direitos de propriedade intelectual dos inventores de produtos farmacêuticos ocorrida no passado. A mesma não deixa de ter subjacente uma lógica de natureza ressarcitória ou indemnizatória, compensando uma injustiça passada, equilibrando uma realidade fáctica presente e perspectivando um regime jurídico equitativo no futuro.

Esse defeito de tutela jurídica, para além da questão de desconformidade com o artigo 5.º § XXIX da Constituição Brasileira de 1988 que imediatamente suscitava, não deixaria, mais tarde ou mais cedo, de entrar em rota de colisão com o direito internacional dos direitos humanos.

No quadro do direito internacional dos direitos humanos, a propriedade intelectual integra um conceito amplo de propriedade,

---

[202] Neste mesmo sentido se pronunciou o Tribunal Constitucional italiano, na sua sentença n.º 20/79, de 9 de março, que considerou inconstitucional a denegação de patentes aos inventores de produtos farmacêuticos.

entendida como incluindo todos os *veículos de valor económico* individualizáveis e passíveis de apropriação individual, mesmo que incorpóreos, abrangendo bens móveis e imóveis e incluindo direitos de propriedade intelectual e direitos adquiridos por via de autorizações ou licenças, títulos de participação social, títulos de crédito, pretensões contratuais, etc.[203].

A esse conceito amplo de propriedade jurídico-internacionalmente relevante reconduzem-se expressamente as patentes[204]. O mesmo tem como dimensões concretizadoras a exclusividade de direitos de apropriação, utilização e aproveitamento dos bens. O Tribunal Europeu dos Direitos do Homem tem vindo a incluir a propriedade intelectual e industrial no âmbito normativo do direito de propriedade, sustentando que direitos e interesses que sejam considerados *activos* (*assets*) também são qualificados como direitos de propriedade à luz do direito internacional dos direitos humanos[205].

Por conseguinte, existe uma restrição deste direito quando se verifique uma excessiva limitação da utilização do mesmo, que resulte numa substancial redução do respectivo valor económico[206]. Neste mesmo sentido se pronunciou o Tribunal Arbitral Irão-Estados Unidos (*Iranian-United States Claims Tribunal*), quando considerou que a restrição de direitos de propriedade, até ao ponto da sua

---

[203] D.J. Harris, M O' Boyle, C. Warbrick, *Law of the European Convention on Human Rights*, London, 1995, p. 517 ss.; M. Comporti, *La Proprietà Nella Carta Europea Dei Diritti Fondamentali. Atti Del Convegno Di Studi*, Milano, 2005; Jacobs and White, *The European Convention on Human Rights*, 4 th edition, Oxford, p. 349 ss.

[204] Assim entendeu a Comissão Europeia dos Direitos do Homem, no caso Smith Kline and French Laboratories Ltd v. the Netherlands, no. 12633/87, decisão de 4 de outubro de 1990.

[205] *Iatridis v. Greece*, no. 31107/96, decisão de 25 de março de 1999; *Mykola Mykytovych Melnychuk v. Ukraine*, TEDH, II, no. 28743/03, decisão de 5 de julho de 2005; *Anheuser-Busch Inc v. Portugal*, no. 73049/01, decisão de 11 de janeiro de 2007.

[206] J. Harris, M O' Boyle, C. Warbrick, *Law of the European Convention...*, *cit.*, p. 519.

desnaturação ou perda de conteúdo útil, deve ser considerada expropriatória, mesmo que não tenha existindo um acto formal de expropriação[207].

Era exactamente isso que sucedia no quadro normativo de 1971, em que, numa situação de mais do que duvidosa constitucionalidade, era negada a protecção das patentes farmacêuticas. Perante essa situação, havia um interesse relevante na aplicação imediata da protecção das patentes farmacêuticas, que o sistema das patentes "pipeline"[208] pretendeu servir.

Em todo o caso, como se viu, o artigo 230.º da Lei n.º 9.279/96 não deixou de ter presente a necessidade de salvaguardar expectativas legítimas, ao excluir a protecção de patentes "pipeline" quando o respectivo objecto tenha sido lançado no mercado pelo titular da patente original ou por terceiros com o seu consentimento, e tenham sido feitos sérios esforços por terceiros para a exploração do objecto da patente no território nacional.

Se existe um caso em que a aplicação incondicional da proibição de retroactividade suscita reparos por parte da doutrina, o mesmo consiste naqueles em que tal aplicação colidiria com direitos humanos protegidos pelo direito internacional[209]. Ora, se isto assim é relativamente às normas retroactivas, por maioria de razão o será no caso das patentes "pipeline", na medida em que não existe verdadeiramente qualquer retroactividade nesta figura, porque as mesmas pretendem proteger invenções que, em princípio, não tenham sido colocadas em qualquer mercado, não havendo por isso quaisquer direitos adquiridos com a sua exploração.

---

[207] "It is recognized in international law that measures taken by a State can interfere with property rights to such an extent that these rights are rendered so useless that they must be deemed to have been expropriated, even though the State does not purport to have expropriated them and the legal title to the property formally remains with the original owner." Starrett Housing Corp. v.Iran, 4 Iran-U.S. Cl. Trib. Rep. 122 (1983).

[208] Aurelio Wander Bastos, *Dicionário Brasileiro de Propriedade Industrial e Assuntos Conexos*, Rio de Janeiro. Lúmen, Juris, 1997, p. 216.

[209] Michael Sachs (ed.), *Grundgesetz Kommentar*, *cit.*, p. 2047.

Quando muito, como se viu, haveria lugar a expectativas sociais difusas, não transformadas em direito adquirido por qualquer título jurídico individualizado. Não há assim prejuízos atendíveis por parte da industria farmacêutica brasileira, na medida em que os produtos a que se referem as patentes "pipeline" não estão a ser legitimamente produzidos e explorados comercialmente no Brasil.

Dificilmente se poderá sustentar que a inexistência de uma protecção de patentes farmacêuticas, em violação do conteúdo essencial da propriedade intelectual, por parte do ordenamento jurídico brasileiro cria, por si só, na esfera jurídica de todos os indivíduos, um direito adquirido a copiar os produtos inventados por outros[210]. Tanto mais quanto é certo que não havia nada de *jusnatural* na denegação de protecção a patentes farmacêuticas estrangeiras, com a inerente privação de inventores e investigadores da devida remuneração do seu esforço científico e económico.

Tratava-se apenas de uma estratégia regulatória adoptada pelo legislador de 1971, assente no pressuposto, que se viria a revelar errado e prejudicial para os interesses brasileiros a médio e longo prazo, de que uma fraca protecção da propriedade intelectual seria benéfica para o desenvolvimento da indústria farmacêutica brasileira e para a investigação e desenvolvimento. Na verdade, se de violação de direitos adquiridos se poderia realmente falar, a mesma dizia respeito aos direitos dos estrangeiros adquiridos no estrangeiro.

---

[210] Como se salientou na sentença do Tribunal Constitucional Federal alemão sobre a propriedade intelectual (BVerfGE, 31, 229 ss.), mesmo quando se estabeleceu um balanceamento razoável entre direito de propriedade e bem comum, o conceito de bem comum ou interesse público não pode reconduzir-se a um interesse geral não modificado, como seria o do interesse de cada indivíduo desprovido de quaisquer limitações à propriedade intelectual protegida.

6. CONCLUSÕES

TRIPS E PROPRIEDADE INTELECTUAL

1. A protecção de direitos e interesses constitucionais e de política pública exige uma ponderação de interesses de produtores de medicamentos de referência e de medicamentos genéricos, a partir de um ponto de referência estático, exige igualmente a realização de uma justa ponderação dinâmica, baseada numa análise de custos e benefícios, não apenas no curto prazo, mas também a médio e a longo prazo.

2. A ausência de uma protecção de patentes adequada traduzir-se-ia numa estrutura de incentivos desfavorável à investigação e desenvolvimento de medicamentos tecnologicamente mais avançados, com perdas significativas para a saúde pública nacional e global.

3. As patentes "pipeline" conferem protecção num determinado país a produtos em desenvolvimento, cujas patentes foram primeiramente registadas num pais estrangeiro, pelo prazo de duração da protecção neste país do primeiro registo.

4. Uma política do medicamento constitucionalmente adequada procurará incentivar o investimento sustentado em investigação e desenvolvimento de novos medicamentos de elevada qualidade técnica e científica, conjugando isso com soluções que permitam o acesso generalizado aos medicamentos num mercado competitivo, eventualmente corrigido, nas suas falhas, por mecanismos de justiça social.

5. É possível que a proliferação de tratados internacionais acolhendo a figura das patentes "pipeline" ao longo de várias décadas possa ser vista como expressão da sua legitimidade à face do direito internacional consuetudinário.

6. A interpretação dos direitos fundamentais e bens jurídicos em colisão deve levar em conta os *topoi* hermenêuticos da harmonização, máxima efectividade e concordância prática, procurando soluções que viabilizem, em termos práticos, o exercício dos diferentes direitos em colisão, sem restringir de forma desproporcional qualquer um deles, ou ameaçar a subsistência do respectivo conteúdo essencial.

7. Os direitos de propriedade intelectual, à semelhança do que sucede com os demais direitos fundamentais, não podem ser pura e simplesmente preteridos, antes devem ser sujeitos a uma ponderação de bens que, ao mesmo tempo que assegure a harmonização razoável com outros valores, direitos e interesses contrapostos, privados e públicos, preserve as dimensões essenciais do seu conteúdo.

8. A protecção da propriedade intelectual e industrial é matéria de direito internacional, transcendendo largamente as fronteiras do direito interno e constitucional dos Estados, já que a mesma se prende com a edificação dos pilares fundamentais de uma economia mundial globalizada.

9. Um forte sistema de protecção de patentes e outros direitos de propriedade intelectual e industrial favorece o investimento nacional e estrangeiro, directo e indirecto, uma vez que daí resulta uma diminuição substancial dos riscos desse investimento.

10. O Acordo TRIPS estabelece a possibilidade de medidas restritivas à protecção da propriedade intelectual, sempre que esteja em causa a salvaguarda de bens fundamentais da comunidade, como sejam a saúde pública, a nutrição, a ordem pública ou o ambiente.

11. O Acordo TRIPS é um tratado cujas obrigações têm como destinatários directos os poderes legislativo e executivo dos Estados Membros, não podendo, em princípio, ser directamente aplicado pelos tribunais.

12. Este entendimento não exclui a possibilidade de efeito directo e aplicabilidade directa de algumas normas do Acordo TRIPS, desde que: i) as mesmas não tenham sido devidamente executadas pelos Estados; ii) o seu conteúdo normativo seja suficientemente claro, preciso, determinado e incondicional; iii) e delas resultem para os particulares posições jurídicas precisamente individualizáveis e judicialmente exequíveis.

13. Desde que os níveis mínimos de protecção consagrados no Acordo TRIPS sejam cabalmente respeitados, os Estados têm o poder de fixar critérios mais ou menos exigentes para a concessão de patentes.

14. O Acordo TRIPS veio estabelecer como princípio geral a prospectividade dos seus efeitos jurídicos, sem prejuízo da existência de regimes transitórios. Os Estados estavam obrigados a aceitar a patenteabilidade de produtos farmacêuticos desde o momento em que o Acordo TRIPS entrasse em vigor no respectivo ordenamento jurídico.

15. Ao mesmo tempo que incorporava um novo paradigma regulatório, a Lei n.º 9.279/96 pretendeu adaptar o ordenamento jurídico brasileiro à disciplina jurídica prevista no Acordo TRIPS, que previa a protecção das patentes dos produtos farmacêuticos.

16. Este instrumento legislativo previa um prazo de um ano de transição para preparar a sua entrada em vigor, com excepção das disposições respeitantes às patentes "pipeline", constantes dos artigos 230.º, 231.º, 232.º e 239.º, às quais foi conferida aplicabilidade imediata.

17. Esta ressalva, embora não imposta pelo Acordo TRIPS, afigura-se inteiramente consistente com a margem de conformação e optimização dos níveis de protecção que o mesmo reconhece aos Estados.

18. A obrigação da patenteabilidade dos produtos farmacêuticos, resultante do artigo 27.º/1 do Acordo TRIPS, aponta para a necessidade de os Estados que até então não concediam protecção a esses produtos virem a introduzir regimes transitórios de protecção com uma estrutura semelhante à das patentes "pipeline".

19. O Acordo TRIPS não deixou de instituir normas com efeitos próximos dos das patentes "pipeline", como no caso das já referidas normas respeitantes ao "pipeline suíço", ao "mail-box requirement" e à concessão de direitos exclusivos de comercialização por cinco anos, verificados determinados pressupostos.

20. A protecção das patentes "pipeline" é sistemicamente consistente com a intencionalidade normativa do Acordo TRIPS.

21. O Brasil, até ao Acordo TRIPS e à Lei n.º 9.279/96, ao adoptar um sistema que impedia os titulares de patentes estrangeiras de registarem as suas patentes igualmente no Brasil, punha em causa o reconhecimento, na ordem jurídica brasileira, dos direitos que os mesmos adquiriram noutro Estado, privando-os de uma protecção globalizada dos seus direitos de autor, e criando com isso problemas sérios no plano das relações políticas e económicas internacionais e do princípio da reciprocidade entre Estados.

TRIPS E SOBERANIA NACIONAL

22. Limitando-se a patente "pipeline", concedida no Brasil, a reflectir na ordem jurídica brasileira um direito validamente constituído noutro país, deve concluir-se que, só por esse motivo, a mesma não representa qualquer atentado à soberania nacional.

23. A dependência da patente "pipeline" face à patente original requerida no estrangeiro é uma solução excepcional, justificada pela inexistência anterior de protecção legal para os direitos de propriedade intelectual dos inventores de produtos farmacêuticos.

24. A patente "pipeline" constitui um meio legítimo de minimizar os danos causados por uma omissão de tutela desses inventores, de constitucionalidade mais do que duvidosa, exprimindo a autonomia legislativa do legislador soberano na disciplina jurídica das patentes dentro do território estadual.

TRIPS E PRINCÍPIO DA NÃO DISCRIMINAÇÃO

25. O sistema das patentes "pipeline" só colocaria verdadeiramente problemas incontornáveis de discriminação entre nacionais e estrangeiros se violasse o princípio da reciprocidade nas relações entre Estados e nas relações que estes estabelecem com os cidadãos uns dos outros.

26. Mas mesmo isso não seria imediatamente líquido, considerando a tendência cada vez mais generalizada na doutrina internacional de dissociar a protecção dos direitos humanos do princípio da reciprocidade nas relações entre Estados.

27. As patentes "pipeline" inspiram-se nas patentes de importação, confirmação e revalidação, cuja lógica reproduzem, sendo certo que estas patentes desde há muito têm sido aceites pelo direito das patentes.

PATENTES "PIPELINE" E CONCORRÊNCIA

28. O argumento da concorrência, levado até às últimas consequências, prova demais, pois ele induziria a rotular de inconstitu-

cional por violação do princípio da concorrência, o ordenamento multinível de protecção da propriedade intelectual, desde o Tratado TRIPS até à declaração de direitos da Constituição Brasileira de 1988.

29. A estruturação dos direitos de propriedade intelectual, com a sua modalidade do *ius excludendi* não é, em si mesma, anticoncorrencial.

30. O princípio da concorrência consagrado no artigo 170.°/IV da Constituição Brasileira não tem um valor superior ao direito de propriedade intelectual protegido no artigo 5.°/IX e XXIX.

31. Do ponto de vista constitucional, a liberdade de iniciativa económica deve ser mobilizada, não para justificar as restrições ao núcleo essencial da propriedade intelectual, mas para considerar inconstitucional a proibição de patenteabilidade dos produtos farmacêuticos.

TRIPS E PRINCÍPIO DA NOVIDADE

32. A questão da conformidade das patentes "pipeline" com o requisito da novidade não pode ser decidida em abstracto, mas apenas no contexto de um ordenamento jurídico-constitucional concreto.

33. Diante do § XXIX do artigo 5.° da Constituição de 1988 afigura-se problemática a afirmação categórica da inconstitucionalidade das patentes "pipeline" por violação do requisito da novidade.

34. O *standard* da novidade nem sempre é entendido de forma absoluta, existindo grandes discrepâncias no respectivo tratamento no âmbito dos diferentes ordenamentos jurídicos nacionais.

35. Nem o Acordo TRIPS nem sequer a Convenção de Paris exigem a novidade absoluta como requisito da patenteabilidade dos produtos.

36. O artigo 27.º do Acordo TRIPS confere aos Estados a possibilidade de admitirem, total ou parcialmente, um critério de novidade relativa para a patenteabilidade.

37. Mais do que hipostasiar o requisito da novidade, numa qualquer das suas formulações, o teor literal do referido preceito constitucional coloca o acento tónico no invento em si mesmo, enquanto manifestação do valor objectivo da inventividade e factor de desenvolvimento científico, tecnológico e económico carecido de protecção.

38. O legislador brasileiro permanece livre para, em função dos seus objectivos de política pública, moldar os requisitos da patenteabilidade, e mais especificamente da novidade, dentro dos limites estabelecidos pelo direito internacional e pelo direito constitucional.

39. As patentes "pipeline" seguem um regime da novidade técnica relativa quanto ao tempo, na medida em que as informações divulgadas antes do depósito do pedido no estrangeiro não poderiam, em princípio, ser aceites.

40. Além disso, as mesmas respeitam o princípio da novidade comercial absoluta, quando ao espaço e quanto ao tempo, e cumprem o requisito da novidade industrial absoluta.

41. A dependência das patentes "pipeline" relativamente às patentes originárias requeridas no estrangeiro constitui um meio excepcional, mas dotado de credenciação legal suficiente, de garantia da observância do requisito da novidade geralmente válido no direito das patentes.

42. O legislador brasileiro não violou com isso qualquer norma de direito constitucional ou qualquer obrigação assumida internacionalmente, antes actuou ao abrigo dos poderes positivos de conformação que lhe são reconhecidos, quer pela Constituição, quer pelo Acordo TRIPS.

TRIPS E PROTECÇÃO DE DIREITOS ADQUIRIDOS

43. A protecção das patentes "pipeline" constitui uma solução de transição a que muitos Estados têm lançado mão no momento em que alteram a sua legislação de forma a passar a admitir a patenteabilidade de produtos farmacêuticos.

44. Embora não possa garantir uma absoluta estabilidade do ordenamento jurídico, incompatível com a dinâmica do sistema social e com a necessária actualização dos quadros normativos, o princípio do Estado de direito pretende tutelar um grau razoável de certeza e segurança das pessoas quanto aos direitos e expectativas legitimamente criados no desenvolvimento das relações jurídicas.

45. De acordo com o princípio da segurança jurídica e da protecção da confiança, que pretendem responder a este tipo de conflito, não deve ser consentida uma normação que, pela sua natureza, afecte de forma grave, inadmissível, intolerável, arbitrária ou desproporcionalmente onerosa aqueles mínimos de segurança e certeza que as pessoas, a comunidade e o direito têm de respeitar.

46. O princípio da segurança jurídica e da protecção da confiança dos cidadãos, por referência ao qual·se discute a problemática dos direitos adquiridos, releva com especial acuidade na sucessão de leis no tempo.

47. De um modo geral não é afastada a possibilidade de retroeficácia autêntica e inautêntica em domínios alheios ao direito penal, ao direito fiscal e às restrições de direitos, liberdades e garantias.

48. O direito constitucional contemporâneo costuma manifestar uma maior indulgência relativamente à retroactividade da legislação económica, considerando que a retroactividade, por si só, não põe em causa a relação de racionalidade e proporcionalidade que deve existir entre os objectivos económicos prosseguidos e os meios legislativos utilizados na prossecução desses objectivos.

49. A protecção dos direitos adquiridos, à semelhança do que sucede com todos os demais direitos e bem jurídicos constitucionalmente consagrados, não é absoluta nem pode ser de todo subtraída a um processo de ponderação de bens jurídicos em confronto.

50. Não existem direitos absolutamente imponderáveis nos ordenamentos jurídicos, não podendo esse estatuto ser reclamado pelos direitos adquiridos.

51. Essa ponderação estará necessariamente sujeita aos princípios da constitucionalidade dos fins, da proporcionalidade dos meios, da segurança jurídica e da salvaguarda do conteúdo essencial dos direitos em presença.

52. O problema da protecção dos direitos adquiridos coloca-se essencialmente diante de normas jurídicas que pretendam ter um efeito retroactivo médio ou forte, por atingirem posições jurídicas que obtiveram um grau menor ou maior de definitividade.

53. Em muitos casos há que ponderar a alteração superveniente de circunstâncias fácticas e normativas (v.g. alteração dos pressupostos políticos, jurídicos, económicos e financeiros, a nível nacional e internacional) em termos que venham justificar a introdução de um novo enquadramento normativo.

54. Existe uma menor resistência à alteração legislativa superveniente, através de normas retroactivas ou retrospectivas, por parte de situações jurídicas gerais e estatutárias, não individualizadas por

acto jurídico concreto e determinado, de direito público ou privado, como sejam um acto administrativo, um contrato, um direito de participação social ou um título de crédito.

55. A mera alteração geral e abstracta de um dado regime jurídico, mesmo com incidência no exercício de liberdades fundamentais ou de expectativas estabilizadas, não seria por si só suficiente para violar direitos adquiridos, desde que não atentasse de forma grave, intolerável, arbitrária e desproporcional contra o princípio da segurança jurídica e da protecção da confiança dos cidadãos.

56. O regime jurídico introduzido pela Lei n.º 9.279/96 deriva de uma profunda alteração das circunstâncias jurídicas nacionais e internacionais, alteração essa que pretendeu resolver problemas pré-existentes de insuficiente protecção da propriedade intelectual e industrial no Brasil, sendo por isso inteiramente previsível por parte dos operadores do sector razoavelmente informados e prudentes.

57. O artigo 230.º da Lei n.º 9.279/96 já é razoavelmente sensível à protecção de direitos adquiridos e mesmo de meras expectativas que se possam ter consolidado de forma individualizada, embora sem ir ao ponto de proteger todas as hipotéticas e difusas oportunidades de negócio da indústria farmacêutica brasileira.

58. A ausência de protecção legal das patentes de produtos farmacêuticos constituía, em si mesma, uma violação do artigo 5.º § XXIX, da Constituição federal de 1988, que a introdução da patente "pipeline" pretendeu atenuar.

59. A figura jurídica das patentes "pipeline" não deixa de ser uma solução transitória legítima, na medida em que procura minimizar os danos presentes de uma violação inconstitucional dos direitos de propriedade intelectual dos inventores de produtos farmacêuticos ocorrida no passado.

60. A mesma não deixa de ter subjacente uma lógica de natureza ressarcitória ou indemnizatória, compensando uma injustiça passada, equilibrando uma realidade fáctica presente e perspectivando um regime jurídico equitativo no futuro.

61. Dificilmente se poderá sustentar que a inexistência de uma protecção de patentes farmacêuticas por parte do ordenamento jurídico brasileiro, em violação do conteúdo essencial da propriedade intelectual, cria, por si só, na esfera jurídica de todos os indivíduos, um direito adquirido a copiar os produtos inventados por outros.

62. Fora dos casos previsto no artigo 230.° da Lei n.° 9.279/96, não são juridicamente atendíveis os prejuízos alegados por parte da industria farmacêutica brasileira com base em futuras e hipotéticas oportunidades de negócio perdidas como resultado da introdução das patentes "pipeline", na medida em que os produtos a que estas se referem não se encontrem a ser legitimamente produzidos e explorados comercialmente no Brasil, nem tenham sido realizados preparativos sérios e efectivos para a sua produção.

CONTAGEM DO PRAZO DAS PATENTES PIPELINE

63. O § 4.° no artigo 230.° da Lei n.° 9.279/96 sugere que a duração da patente "pipeline" no Brasil deve corresponder ao remanescente da protecção da patente originária no país em que a mesma foi concedida.

64. Quando aí se fala em remanescente de protecção tem-se em vista o tempo que falta para expirar o prazo de protecção da patente no Estado estrangeiro, e não o prazo que falta para a expirar o prazo de 20 anos contados a partir do primeiro pedido (no caso *sub judice* abandonado). A patente "pipeline" e a patente originária devem expirar no mesmo dia.

65. O § 4.° coloca o acento tónico na protecção da patente e no respectivo prazo de duração. É com base neste ponto de referência que se concede às patentes "pipeline" o remanescente do prazo de protecção válido no estrangeiro.

66. O carácter derivado das patentes "pipeline" – que as torna dependentes das patentes originárias em vicissitudes muito importantes como a concessão, a prorrogação e a nulidade – aponta para uma relação de dependência também em matéria de duração.

67. O elemento decisivo, em matéria de patentes "pipeline", é a garantia do remanescente da protecção efectiva concedida no Estado do primeiro depósito, do qual resultou a obtenção da patente.

PROLONGAMENTO DAS PATENTES E PATENTES "PIPELINE"

68. Na generalidade dos casos, tanto nos Estados Unidos como na Europa, a extensão das patentes tem como fundamento material o objectivo de restaurar a vida efectiva das mesmas, impedindo que factores externos, como a morosidade do processo de autorização ou a necessidade de novos testes clínicos, possam subverter a sua intencionalidade protectora.

69. A extensão das patentes é materialmente justa na medida em que pretenda ser fiel à *ratio* protectora das patentes, ínsita na ideia de direito de propriedade intelectual e de direitos fundamentais em geral.

70. A *ratio* protectora das patentes obriga a que a sua concessão assegure a respectiva vida efectiva, sob pena de perder (parcial ou mesmo totalmente) o seu sentido útil, podendo comprometer o conteúdo essencial do direito de propriedade intelectual.

71. É inteiramente legítima, e mesmo devida, a aplicação às patentes "pipeline", enquanto patentes derivadas, das extensões que forem concedidas às patentes originárias no Estado do respectivo registo, já que também estas, uma vez concedidas, devem obedecer ao princípio de efectividade da vida das patentes.

72. A extensão do prazo das patentes pretende servir o próprio objectivo subjacente ao reconhecimento de direitos de propriedade intelectual e industrial, que consiste em proteger efectivamente determinados bens jurídicos e interesses dignos de protecção dos autores, criadores e inventores, promovendo o interesse público de maximização da oferta cultural, científica e tecnológica.

CONCLUSÃO FINAL

73. Não existem, por conseguinte, razões que permitam sustentar a inconstitucionalidade das patentes "pipeline" à luz da Constituição Federal Brasileira de 1988, quer por eventual violação do princípio da novidade do direito das patentes, quer por eventual atentado contra direitos adquiridos e contra o princípio da segurança jurídica e da protecção da confiança que lhes está subjacente.

ABREVIATURAS

Ala. L. Rev	– Alabama Law Review
Alb. L.J. Sci. & Tech.	– Albany Law Journal of Science & Technology
Berkeley J. Int'l L.	– Berkeley Journal of International Law
B. U. J. Sci. & Tech. L.	– Boston University Journal of Science and Technology Law
Colum. Sci. & Tech. L. Rev	– Columbia Science and Technology Law Review
CPE	– Convenção de Munique sobre a Patente Europeia
DePaul J. Health Care L.	– DePaul Journal of Health Care Law
Harv. L. Rev.	– Harvard Law Review
J. Intell. Prop. L.	– Journal of International Property Law
J. Marshall L. Rev.	– The John Marshall Law Review
J.L. & Pol'y	– Journal of Law and Policy
NAFTA	– North American Free Trade Association
New Eng. L. Rev.	– New England Law Review
OMC	– Organização Mundial de Comércio
Riv. Dir. Ind	– Rivista di diritto industriale
Suffolk U. L. Rev.	– Suffolk University Law Review
TRIPS	– Trade Related Aspects of Intellectual Property Rights
WIPO	– World Intellectual Property Organization

ÍNDICE GERAL

Prefácio 5

PARTE I
Enquadramento jurídico geral

1. Introdução 9
2. A protecção de patentes farmacêuticas: o contexto jurídico-económico das patentes "pipeline" 10
   - 2.1. Propriedade intelectual e desenvolvimento tecnológico 10
   - 2.2. Medicamentos inovadores vs. cópias 13
   - 2.3. Patentes vs. Pacientes 18
3. Patentes "pipeline" 22
   - 3.1. Caracterização 22
   - 3.2. Generalização das patentes "pipeline" 23
   - 3.3. Novidade da invenção e patentes "pipeline" 25
   - 3.4. Extensão das patentes e patentes "pipeline" 27
     - 3.4.1. Extensão da patente como compensação pela sua redução . 29
     - 3.4.2. Extensão da patente como incentivo ao aperfeiçoamento do produto 31
     - 3.4.3. Patente europeia e extensão das patentes 34
     - 3.4.4. Extensão das patentes e o carácter derivado das patentes "pipeline" 36
     - 3.4.5. Extensão das patentes e protecção efectiva 37
     - 3.4.6. Não excepcionalidade da extensão das patentes 38
   - 3.5. Ponderação de interesses e concordância prática 39

4. Propriedade intelectual das patentes farmacêuticas e direito internacional   41

   4.1. A WIPO e outros instrumentos internacionais   41
   4.2. NAFTA e patentes farmacêuticas   43
   4.3. SAFTA, FTAA e patentes farmacêuticas   44
   4.4. Protecção das Patentes no Contexto do Desenvolvimento Sustentável – o Acordo de Cotonu   45
   4.5. A OMC e o acordo TRIPS   47
       4.5.1. Protecção de patentes farmacêuticas no TRIPS   45
       4.5.2. Restrições à propriedade intelectual e direitos humanos   52
   4.6. Os tratados internacionais e o direito brasileiro   59
   4.7. O TRIPS e o direito brasileiro   61

PARTE II
A questão da constitucionalidade

5. A questão da constitucionalidade das patentes "pipeline"   65

   5.1 A Lei da propriedade industrial de 1996   65
       5.1.1. Um novo paradigma regulatório   65
       5.1.2. Disciplina jurídica das patentes "pipeline"   70
       5.1.3. Contagem do prazo das patentes "pipeline"   76
   5.2. A Constituição Federal de 1988   83
       5.2.1. Enquadramento constitucional da propriedade intelectual ..   83
       5.2.2. A constitucionalidade das patentes "pipeline"   87
       5.2.3. Patentes "pipeline" e soberania nacional   88
       5.2.4. Patentes "pipeline" e discriminação entre nacionais e estrangeiros   90
       5.2.5. Patentes "pipeline" e concorrência   93
       5.2.6. Requisito da inovação e patentes "pipeline"   95
       5.2.7. Direitos adquiridos e protecção da confiança   103
           5.2.7.1. Direitos adquiridos e admissibilidade das patentes "pipeline"   103
           5.2.7.2. Segurança jurídica e protecção da confiança   105
               5.2.7.2.1. Relatividade dos direitos adquiridos   110
               5.2.7.2.2. Intensidade da retroactividade e direitos adquiridos   111

5.2.7.2.3. Direitos adquiridos e meras expectativas.................. 112
5.2.7.2.4. Alteração retrospectiva do quadro regulatório......... 116
5.2.7.2.5. Correcção retrospectiva de situações de omissão ou defeito de protecção... 120

6. Conclusões 125

Abreviaturas... 139

Impressão e Acabamento